事例とQ&Aでわかる！

＼みんなでやろう／
クラス会議実践ガイド

深見太一

学陽書房

まえがき

　本書を手に取ってくださったみなさん、本当にありがとうございます。本書で紹介する「クラス会議」とは、教室の中で行われる学級経営の手法の一つです。**子どもたちが自分たちの問題や悩みごとについて話し合うことで、自己開示が始まり、仲が深まり、居心地の良いクラスができあがっていくのです。**

　いま、全国の先生たちがこんなことに悩んでいます。
　○子どもたちが言うことを聞きません。
　○トラブル対応ばかりしていて正直疲れました。
　○授業も進んでないのに、話し合っている暇なんてないです。
　○管理職からもっと厳しくしないといけないと言われています。
　○大学で教わってきたことがまったく役に立ちません。

　こうした悩みが日々、私の元に多数寄せられます。もちろん一発で解決する特効薬はありません。けれども**確実に良くなる効果が得られるのがこの「クラス会議」なのです。**なんで良くなるのだろう、そう思われた方は第1章へお進みください。読んでいくうちに、その秘密がわかるようになっています。

　「子どもたちはケンカばかりしているのに、話し合いで解決するなんてまったくイメージが持てないよ…」。私も一番最初「クラス会議」と出会った時に、そう感じました。
　休み時間の度にケンカをして帰ってくる子どもたちを目の前に、とても話し合いや対話が成立するなんて1ミリも思えなかったのです。

けれどもすでにクラス会議を実践している先生から動画を見せてもらった時に、私もこんなクラスがつくりたい！　と思えるほど、**子どもたちの表情はイキイキとして、楽しそうに話し合いをしていました。そして何より、こんなクラスをつくるために先生になりたかったことを思い出しました。**

そこから自分の中に１本の芯ができ、常にクラス会議＝学級経営を中軸においてキャリアを形成してきました。気がつけば、公立小学校の教員→私立小学校の立ち上げ→教育大学で教員養成兼教員研修・企業研修に関わるなど、「クラス会議」を中心として、仕事が広がっています。

クラス会議を教室に取り入れることで、子どもたちを信じて任せることができるようになります。話し合いという性質上、先生がすべて取り仕切って行うことが不可能になるからです。そして何より、学校に行くのが楽しくなる。子どもに会うのが楽しくなる。愛をもって接することができるようになる。これが一番大きな変化です。

何のために先生になったのか、何がしたくて先生になったのか、そんな自分の本質と向き合いながら読み進めていただけると非常に嬉しく思います。

すべては子どもたちと自分の笑顔のために♪

2025 年 2 月

深見 太一

クラス会議 って何？ という先生へ

クラス会議は、クラスや自分の問題について
子ども同士で話し合って解決する方法です♪

子どもたちみんなで輪になって話し合うので、
お互いの気持ちに気づきやすく、
仲が深まって、あたたかいクラスに変わっていきます。

教師は話し合いを子どもに任せて見守り、
サポートに徹することを大事にします。

クラス会議を続けていくと、

①子ども同士が仲良くなり、
　クラスがまとまります♪

②クラスがあたたかい雰囲気になり、
　授業時間もなごやかに落ち着きます。

③子どもたちがどんどん自分で考えて、協力しながら問題を解決していくようになります。

こんなクラスにしたい！　という先生、
ぜひクラス会議をはじめてみませんか？
(本書の内容へ GO！)

もくじ

まえがき ……………………………………………………………… 2

第 1 章
クラス会議は
こんなにすごい！

クラス会議って何？ ……………………………………………… 12

クラス会議をするとクラスはこんなに変わる！ ………… 14

クラス会議ってどう進めるものなの？
進め方実践マニュアル！ ………………………………………… 16

クラス会議は時間を奪わない、むしろ生み出す ………… 22

クラス会議への子どもたちの感想 ………………………… 24

COLUMN1 クラス会議ゼミの効果 ……………………… 26

第 **2** 章

クラス会議をするための 準備をしていこう！

準備ステップ1 クラス会議が成立する条件って？ 28

準備ステップ2 たくさん遊ぼう！ 30

準備ステップ3 「話す・聞く」の練習をしておこう 32

準備ステップ4 輪になって座る練習もしておこう 34

準備ステップ5 なぜクラス会議が必要か伝えよう 36

準備ステップ6 クラス会議での話し合いルールの設定 ... 38

準備ステップ7 議題を集めよう 40

第 **3** 章

やってみよう！ クラス会議

実践ステップ1 まずはハッピーサンキューナイスから！ 44

実践ステップ2 学級会と違い、議題はお悩み解決もOK！ .. 46

実践ステップ3 みんなで解決のアイデア出しをする ………… 48

実践ステップ4 解決策の決定 ………… 50

実践ステップ5 アドラー心理学のカウンセリング方法も ‥ 52

実践ステップ6 振り返りについて ………… 54

実践ステップ7 ロールプレイングを入れてみる ………… 56

COLUMN2 職員室にもクラス会議は効く! ………… 58

第 4 章
実践事例　こうするとうまくいく!
こんなふうに子どもが変わる!

実践事例 クラス会議を通して変わったこと ………… 60

実践事例 まずはやってみた! 低学年のクラス会議 ……… 64

実践事例 メリットたくさん! 中学年のクラス会議 ……… 68

実践事例 高学年は信頼して任せることから ………… 72

実践事例 スモールステップで
クラス会議×特別支援 ………… 76

COLUMN3 果たして子どもが変わっているのか? ………… 78

8

第 5 章
クラス会議 こんなときどうする？ Q&A

- Q 1 クラス会議を行う時間がありません ……………… 82
- Q 2 いつもクラス会議の時間が延長してしまいます …… 84
- Q 3 クラス会議をすると余計に荒れていきます ……… 86
- Q 4 いつもパスする子がいます ……………………… 88
- Q 5 一人でずっと話している子がいます …………… 90
- Q 6 いつも隣の子と話してうるさくなる子は？ …… 92
- Q 7 学校統一で学級会をやると決まっている ……… 94
- Q 8 学年で足並みをそろえましょうと言われて …… 96
- Q 9 お悩み解決がうまくいきません ………………… 98
- Q10 プライバシーに関わるような悩みが出された … 100
- Q11 教師がどこまで介入していいのか悩みます …… 102
- Q12 子どもに対して厳しくなりすぎてしまう ……… 104
- Q13 クラス会議の準備に時間がかかります ………… 106
- Q14 保護者にどう説明していいのかわかりません … 108
- COLUMN4 ドラゴンクエストにハマる大人 ………………… 110

第 6 章
先生が全部やらなくていい！
先生のマインドセット

一人ですべてやると潰れる　もっと人を頼ろう ………… 112

任せることで子どもが育つ ………… 114

俯瞰して見る時間と力 ………… 116

どちらに目を向けるのか ………… 118

こちこちマインドセットと、しなやかマインドセット ……120

フローな状態に入るには ………… 122

あとがきにかえて ………… 124

第 1 章

クラス会議は
こんなにすごい！

　クラス会議とは、特別活動の時間に行う話し合い活動で、学級の問題や個人の悩みなどを解決するために行います。アドラー心理学がベースとなっており、みんなで一つの輪になり丸くなって話し合います。継続的に行っていくことで、クラスの子どもたちが助け合うようになり、どんどんクラスがあたたかい場所になっていく効果があります。

■ どれくらいの頻度で話し合うか

　本当は毎日話し合えると良いのですが、私は週に一度の特別活動の時間を使って行っていました。特別活動の時間は年間 35 時間設定されています。そのうち 5 時間は係活動や給食当番などの学級全体を動かすための話し合いに使い、それ以外の 30 時間でクラス会議を行っていました。

■ 学級会との違い

　クラス会議と学級会の違いはたくさんありますが、一つは全員に発言権が回ってくるということです。学級会は挙手をして発言をします

が、クラス会議はトーキングスティックを使い、輪番制で発言をしていきます。挙手をして発言をするシステムだと、どうしても声の大きな子や力の強い子の意見に引っ張られてしまいますが、輪番制だとおとなしい子や声の小さな子の発言も平等に扱われます。声なき声を拾うことができるのです。これがクラス会議によって教室があたたかくなる要因の一つです。

■ 本当に話し合えるの？

　話し合いを子どもたちに任せていくのはとても勇気がいることです。話し合いが変な方向に進むのではないか、教師の望んでいる話し合いをしてくれるのか、など不安な要素はたくさん浮かんできます。**問題が起こった時に、先生が解決することは、一見そのほうが良さそうですが、それではいつまで経っても子どもたちに本当の意味での問題解決能力を身につけさせることができません。**クラス会議で子ども同士の話し合いにより解決していくことにトライしていくと、子どもたちの自己肯定感や他者貢献感がアップし、自己決定力などがしっかり身についていくようになります。

話し合いで子どもたちの力が育っていく！

第 1 章　クラス会議はこんなにすごい！

クラス会議をするとクラスはこんなに変わる!

■ クラスの問題が自分ごとになる

　廊下を走らない。掃除をサボる。トイレのスリッパがそろわない。ロッカーから荷物がはみ出ている。ボールを片付けない。これらは、日本中どこのクラスでも起こる問題の数々ではないでしょうか。

　先生が口酸っぱく注意をするといったん良くなりますが、数日するとまた元通りになってしまいます。

　こんな問題に一番効くのがクラス会議です。

■ なぜクラス会議が効くのか

　上記の諸問題がなぜ良くなっていかないのでしょうか。それは困っているのが先生だけで、子どもはあまり困っていないからです。中には困っている子もいるかもしれませんが、多くの声にかき消されてしまい、その困り感がクラスのほかの子には伝わりません。

　でも、廊下を走っている子がいて、ぶつかって痛い思いをした子からクラス会議の議題としてそのことが出されると、その子は何が嫌なのか、みんなにどうしてほしいのかを言うことができます。これがクラスの問題解決の第一歩になります。

■ 先生の声よりも子どもの声がより伝わる

　先生が「スリッパをそろえましょう」とか、「廊下を走らないようにしましょう」と注意をしたとします。子どもたちからするとそんな注意は聞き飽きています。「またかよ」と思っている子が大半です。トイレのスリッパをそろえることや廊下を走ってはいけないことは百も承知です。けれどもルールを破ってしまうのが子どもなのです。

　しかし、廊下で走っている人にぶつかられて実際に痛い思いをした子の声を聞くことで、次からはやめようと思うことができるのです。

　先生が勝手に決めたルールは守れなくても、子どもたちみんなで決めたルールならば守ろうという気持ちが働きます。

　だからクラス会議はとてもパワフルに機能するのです。

自主的に動ける子が育つ！

クラス会議って
どう進めるものなの？
進め方実践マニュアル！

　クラス会議は取り組んでみると、そのプログラムのすみずみまで、子どもの自己肯定感とコミュニケーション力を育てる工夫が凝らされているものだとわかると思います。

　まずはクラス会議ってどうやるものなのか、それをお伝えしましょう！　できるだけ継続して週1回取り組むのがおすすめです！

準備

- 事前にみんなで話し合いのルールを決めておきます (P38 参照)。
- 事前にみんなから議題を出してもらいましょう (P40 参照)。
- まずは机を教室の隅に寄せて、子どもたちがみんな丸くサークル (輪) になって座れるように準備をしましょう。
- 子どもたちが一人ひとり話をするよう順番を回していくときに、いま誰の番なのかをわかりやすくするために回すぬいぐるみなど (ぬいぐるみでなくてもボールなどでも OK。トーキングスティックと言います) を用意しましょう (右頁参照)。
- 司会・副司会と、出てきた意見を黒板に書く黒板書記を決めましょう。

> ## 司会進行マニュアル
> 　司会・副司会は会議がスムーズに流れるように進めます。10秒以上、シーンという沈黙の時間をつくらないようにしましょう。
> **司会**…いつもみんなを見ていましょう。
> **副司会**…司会や黒板書記を助けましょう。意見を聞き逃して困っている人がいたら教えてあげましょう。
> **黒板書記**…みんなの意見を黒板に書きましょう。
> 進め方がわからなくなったら、みんなに相談しながら進めます。

ステップ1　ハッピーサンキューナイス (15分)

　司会からはじめの言葉と話し合いのルールを伝え、ハッピーサンキューナイスの時間を始めることを伝えます

司会「これから第〇回クラス会議を始めます。礼」

司会「ここでの話し合いのルールは〜ということです。ルールを守っていい話し合いをしましょう」

司会「これから、ハッピーサンキューナイスをします。ハッピーなこと、ありがとうと言いたいこと、ナイスだったことを全員順番に発表しましょう。では私から言いますね」

(もし言えない人がいたら「パスしますか？」と尋ねます)

＊いま話す人が誰かわかるようトーキングスティックを順番に回していく。

第1章　クラス会議はこんなにすごい！

ステップ2 前回の解決策の振り返り (5分)

司会「前回の議題は〜で、解決策は〜でした」
「前回の解決策はうまくいっていますか？（前回の議題提案者に尋ねる）」

うまくいっていなければ、「もう一度話し合いますか？　それとももう少し様子を見ますか？」と前回の議題提案者に尋ねる。

ステップ3 議題の共有 (5分)

司会　議題と提案理由を紹介する。
「〇〇さんからの議題です。〜」「この議題を出した理由は〜」
「付け足すことはありませんか？（議題提案者に尋ねる）」
「みなさんから〇〇さん（議題提案者）に質問はありませんか？」

ステップ4 話し合いをして、解決策を決める (15分)

司会「今日の議題は〇〇です。解決策を考えましょう。まずまわりの人と5分間話し合ってみてください」

(話を聞いていない人がいたら「話し合いのルールを思い出しましょう」と声かけしてみましょう。時間が迫ってきたら「あと〇分です」と声をかけます)

司会「では話し合って出た解決策を順番に発表してください。できるだけたくさん出してください」

(出てきた解決策はすべて黒板書記が黒板に書きだす。タブレットを使って打ち込んでもよい)

第 1 章 クラス会議はこんなにすごい！ 19

解決策を決める（AかBかどちらかの決め方を選びます）

A　議題がみんなに関係するときは多数決をします。

　たとえば、クラスのルールをつくるときやお楽しみ会をするときです。
司会「多数決をします」

B　個人的な問題の時は、議題提案者に解決策を選んでもらいます。

　たとえば、弟がゲームを隠したり壊したりする、宿題をいつも忘れてしまう、などの場合です。
司会「〇〇さん、どの解決策がいいと思いますか？」

決まったことの発表

司会「黒板書記さん、決まったことを発表してください」

ステップ5 今日のクラス会議の振り返り (5分)

司会　(議案提案者に感想を求める)
「〇〇さん(議案提案者)、どうでしたか？」

司会「司会、副司会、黒板書記から一言ずつ感想を言います。ではま
　　ず司会から言いますね。〜」
(素晴らしいと思った意見とその理由や、みんなのがんばったところ、
今日のハイライトなどを振り返りをします)

司会「最後に、先生から一言お願いします」
(最後のあいさつ)
司会「起立！　これで第〇回クラス会議を終わります。礼！」

クラス会議は
時間を奪わない、
むしろ生み出す

■ 週イチのクラス会議が教師の時間を生み出してくれる!

　ここまでのクラス会議の進め方実践マニュアル（16〜21頁）をごらんいただいてどんなふうに感じたでしょうか。

　子どもたちにできるかな？　どんな時間でやればいい？　使える時間があるかな？　そんなふうに感じた人もいるかもしれません。

　私がすすめているのは週に1時間、クラス会議の時間を取ることです。そんなに時間が取れない！　と感じる人も少なくないと思います。

　しかし、実践している先生方は、むしろこの時間を取ることで、**クラスのトラブルが少なくなり、クラスがものすごくうまくいくようになった、子どもたちの授業での対話ややりとりもスムーズになったと言う人が非常に多いのです。**

　なぜかというと、教室の中で対話することが子ども同士のやりとりの基本ベースになるからです。教室の中にはいじめ・不登校・学習理解力の差など課題となるものがいろいろ存在します。けれども、対話がベースにあることでほとんどの問題が解決していきます。

　たとえば〇〇君と自分は考え方が違うと感じたとします。対話のないまま同じ教室にいると、仲間はずれにしようとか、嫌がらせをしようとなってしまいがちです。けれども、常日頃から対話があると、違

いを理解したり、考え方の違いをおもしろいと感じることができるようになっていきます。

■ それでもクラス会議をやる時間がないと感じたら?

　さまざまな場所で研修をしていると多くの先生から「いつ取り組むのですか？　自分のクラスにそんな余裕はありません」とよく質問をされます。時間ができたら取り組んでみようと思っていると、いつまでも時間は生み出されないものです。まったく逆で、まずクラス会議に取り組むからこそ、時間が生まれていくことが実感できると思います。

　下の図を見てください。大きなビーカーに、石と砂と水を入れるとしたら、たくさん入れるには何から入れていくと良いでしょうか。授業準備、保護者対応、提出書類などやらなくてはいけないことから先に入れてしまうと、当然クラス会議を入れる隙間はなくなります。**逆にクラス会議を先に入れてから、空いたスペースにやらなくてはいけないことを埋めていくほうがクラスはうまくいきます**。これが私のおすすめする、担任の時間術の極意です。

先にクラス会議を入れるほうがうまくいく！

第 1 章　クラス会議はこんなにすごい！　　23

クラス会議への子どもたちの感想

　それでは、実際にクラス会議を実践している子どもたちがどんな変化を感じているのか、子どもたち自身の感想をここで紹介しましょう。

- 今までは誰に話しかけていいか分からなかったけれど、今は4人の友だちに、安心して相談できるようになった。自分のことを知ってもらえたから、話しかけやすい友達が増えた。
  　　　　　　　　　　　　　　　　　　（特別支援学級、4年生男子）
- 友達の意見を聞いて、自分が思っている自分と、仲間が思っている自分が違うことが分かった。僕は結構、友達のいいところを発見するのが上手なんだと分かった。友達からの相談が増えて嬉しかった。
  　　　　　　　　　　　　　　　　　　（特別支援学級、3年生男子）
- 友達が「算数の問題を、友達に上手に教えてあげたい」というテーマでがんばっていることが分かった。だからぼくは今、算数の先生役はその子に譲っている。他のところでぼくはがんばろうと思う。
  　　　　　　　　　　　　　　　　　　　　　　　　（3年生男子）
- ○○さんは、みんながアドバイスをすると毎回反応してくれるので、嬉しいです。そして、みんなも毎回真剣に○○さんの相談に乗っているのを見ると、すごく嬉しくなるので、またクラス会議をやりたいです。
  　　　　　　　　　　　　　　　　　　　　　　　　（4年生女子）

● クラス会議をしたら、2年2組の環境が良くなったし、悩んでいることを相談したら困らなくなった。ハッピーサンキューナイスをして良いことしか最近は言っていない。落ち着いて授業ができている。
（2年生女子）

● 友達の解決方法を知って、ぼくもマネしてみたら結構分かった。人の相談を聞いたことが役に立った。
（3年生男子）

● 給食のデザートのおかわりがこれまでは「出席番号順」だったことに多くの人が不満を持っていました。しかし友達がクラス会議の議題に挙げてくれたおかげで、「じゃんけん制」になったのがとても嬉しかったです。不満に思っていたルールを話し合って、みんなが納得できるルールに変えていくことの良さを実感することができました。色々なことが楽になったり、便利になったりしてよりよいクラスになったと思います。
（6年生男子）

● クラス会議はクラスの問題点を直すことだけでなく、個人の悩みにもみんなで寄りそうことができるのが良いと思いました。担任の先生の、「娘に嫌われてつらい」という議題ではとても盛り上がりました。女の子たちの意見はとても的確で驚きました。
（6年生女子）

　同じクラスになり、同じ授業を受けているだけで仲が深まる。そんな単純なことでは実はありません。**自分の困りごとに対し、真摯に向き合ってくれた。自分のアドバイスをしっかり聞いて、取り組んでくれたなど、子ども同士が本気で向き合うからこそ、仲が深まります。これを共同体感覚と言います。**クラス会議を行うと、心理的安全性と共同体感覚が同時に高まっていきます。こうすることで、教室の中に居場所ができて、安心して学ぶことができる場、自分の思っていることを遠慮なく表現できる場になっていくのです。

第 1 章　クラス会議はこんなにすごい！　25

COLUMN 1

クラス会議ゼミの効果

　私は、オンラインでクラス会議を学ぶゼミを主宰しています。

　クラス会議ゼミは現在 9 期生まで卒業生がいて、2025 年から 10 期生が始まりました。これは 2 週間に一度オンライン上に集まり、クラス会議とは何かを学びながら、教室での実践を報告したり、こんな時にどうしたらよいかを相談し合ったりする学びの場です。

　職員室とはまた違ったコミュニティに所属することで、自分の本音の悩みを打ち明けたり、管理職への不満や対処法をみんなで考えることもできます。ある程度の金額をいただいて学んでいただいているので、本気の方が集まります。クラス会議を実践しているけれども、クラスにどうフィットさせていったらよいのかとか、もっと良い方法があるのではと悩みながら進んでいきます。

　オンラインゼミを卒業してからは、それぞれ同期の仲間で月に 1 回集まり、定期的にオンラインクラス会議を行っているグループもあります。この場が非常に心地よく、皆さんの癒しの場になっているようです。**大人になってから友人をつくるのは意外に難しかったりします。本音で悩みごとを打ち明けられる人の存在があることで、学級の中で自信を持って子どもに向き合うことができるようになります。**それだけでなく、先生をしながらライターになりたいと考えていたり、自分でも講座を主催したいと考えていたりと、次のステップに進む先生もとても多くいます。

　もちろんうまくいくことばかりでないので、へこむ出来事があったり、仲間の協力が必要だったりする場面もあります。その時に、同期の存在は非常に大きく、「ちょっと助けて」と気軽に同期の LINE グループに助けを求めることができます。クラス会議を中心に全国に広がるコミュニティをつくる、そんな夢が実現しつつあります。

　クラス会議の効果を先生が一番実感するからこそ、子どもたちにその良さを伝えることができる、その瞬間が嬉しくてたまりません。

第 2 章

クラス会議をするための
準備をしていこう！

準備ステップ1

クラス会議が成立する条件って？

実践ポイント！

1. 先生が安心・安全な基地になることで子どもたちは成長していく
2. 結果に一喜一憂しない。プロセスを共に楽しむ

　料理に下準備が必要なように、クラス会議を行う際にもある程度の事前の準備が必要になります。

■ 話す・聞くの対話スキル

　いきなり全員の前で話すのはハードルが高い子でも、一対一なら話すことができることもあります。まずは隣の席の子と2人ペアで話す練習をしておきましょう。
- 好きなラーメンの味は？　しょうゆ、豚骨、塩、みそ
- 遊びに行くなら海？　川？　どっち？
- 春夏秋冬どの季節が一番好き？

など誰でも簡単に話ができるテーマでペアトークをします。そして、

理由も併せて話すようにします。これを毎日1分でよいので短い時間で何度も繰り返して練習します。簡単な反復練習が人を思いもよらぬところまで連れていってくれます。

■ 間違えても大丈夫という安心感

　教室の中にライオンがいると想像してみてください。いつ襲いかかられるかわからないので常にビクビクして、持っている力を発揮することができません。

　反対に教室にいるのは自分を支えてくれる仲間たちだと思えていて、間違えても大丈夫という安心感があれば、自分のパフォーマンスを思いっきり発揮することができます。だからこそ教室の中に安心・安全な空気感があることが大切になってくるのです。

　まずは先生が笑顔でいることです。先生が笑顔でいるだけで子どもたちは安心できます。両親が笑顔でいる家庭の子どもが荒れていることはまずありません。それくらい子どもに及ぼす影響は大きいのです。教室の中でも、先生が笑顔でいる、これが大切な条件になります。

■ 先生と子どもが対等であること

　「対等感」とは、立場や役割は異なっていても人として対等であるということです。先生だから偉いのではなく、子どもから教えられることも本当にたくさんあります。

　もちろん先生が気づいたことを子どもに伝えることは必要ですが、先生が子どもから出たアイデアを頭ごなしに否定したり、自分の知っている知識で論破したりする教室では豊かな対話は育まれません。

　対等感を育むために、先生が子どもと一対一で話すときに膝を曲げて目線の高さを合わせるというような、そんな小さな工夫でも、子どもから見ると、とても話しかけやすい先生になるのです。

> 準備ステップ2
たくさん遊ぼう！

実践ポイント！

① 笑うとゆるむ。
　ゆるみがある教室には寛容さが生まれる

② 守りたくなるルールの設定がポイント！

■ 遊びの中で育まれるもの

　4月の学級開きからとにかくたくさん遊びましょう。**毎日3分から5分の短い時間でいいので、繰り返し遊びます。**遊ぶことで笑いが生まれます。笑いのある教室が大きく崩れることはありません。
　笑いには2種類あって、冷たい笑いとあたたかい笑いです。もちろん大事なのはあたたかい笑いのほうです。いろいろな種類の遊びを取り入れて、たくさん笑いのあるあたたかい教室にしていきましょう。

■ 失敗を許容できる

　たくさん遊んでいると、遊びの中で失敗が起こっても笑って許せるようになります。短時間で繰り返し遊ぶ時間を取るので、いちいち怒っていられません。**まあいいかという経験を繰り返すことで、先生も子どもも許せる許容範囲が広がっていきます。その練習を毎日の遊びの中で積み重ねていくのです。**

　遊ぶ→失敗する→笑う→許す

　これを何度も繰り返すことで、失敗を許容するトレーニングをしていくのです。

■ ルールを守る

　遊ぶためにはルールが必要です。とくに新しい遊びをする時にはルールをきちんと聞いていないと負けてしまいます。だからいつもは話を聞かない子どもも一生懸命ルールを聞いて守ろうとします。反対に、単に「ルールを守りなさい」と言われても守れないのがルールです。だからこそ楽しいというポジティブな雰囲気の中でルールを守ろうとする練習をすることが大切になるのです。

おすすめの鉄板遊び

●**お絵描き大会**：お題にあったイラストをそれぞれノートに1分で描いて、みんなで見せ合う

例：アンパンマン・ちびまる子ちゃん

→絵がうまい子はみんなに自慢できるし、下手な子もみんなから笑ってもらえる。その笑いは決して冷たい笑いではないことが大切です。

第 2 章　クラス会議をするための準備をしていこう！　31

準備ステップ3

「話す・聞く」の練習をしておこう

実践ポイント！

① 国語で学んだ「話す・聞く」のスキルを実践する
② 短く何度も練習することで上達する！

■ 大人は何気なく身につけているスキル

　話すことにも聞くことにもいくつものスキルが必要です。大人になると何気なく習得していることがほとんどなので、子どもがなぜできないのかに無頓着になりがちです。**できない理由のほとんどが未学習（まだ学習をしていない）か誤学習（誤って学習をしている）**なのです。だからこそ最初はまず一つひとつ伝えていく必要があります。

■ 話し方も練習が必要

　話すことの基本は、「相手に伝わるように話す」ということです。

自分が思っていることや感じていることを的確に相手に伝えようとするのは意外と難しいものです。だからこそ、スモールステップで練習を重ねていく必要があります。

> 練習例：犬か猫どちらが好きかとその理由を話す練習

　犬と猫のどちらが好きかとその理由を併せて話す練習をします。慣れてきたら、好きなラーメンの味とか、好きなスポーツ・アニメ・YouTubeなどお題を変えて取り組んでみましょう。

■ 聞き方のスキルを身につけるために

　聞き方にもたくさんのスキルがあります。あいづちやうなずきなど基本的なことからまずは身につけていきます。一番大切なことは、相手に「聞いていますよ」という姿勢が伝わることです。「あなたの話を聞きたいです」という気持ちが伝わるにはどうしたらよいのかを、子どもと一緒に考え、まずは先生が子どもの手本となるように、授業中から、子どもの話を聞くときの聞き方に気をつけてみてください。

> 練習例：聞き方あ・い・う・え・お

あ：あ〜
い：いいね
う：うんうん
え：え〜〜
お：おぉ〜

　このように黒板に書き、まずは全員であいづちの練習をします。
　こういった**細かいスキルを少しずつ身につけていくこと**が、クラス会議を成立させていくことにつながるのです。

準備ステップ4

輪になって座る練習もしておこう

実践ポイント！

① 毎日輪になって座るだけでも効果は十分
② お互いの顔を見ることで安心できる！

　クラス会議を行う際、椅子だけで輪になって座ります。たったこれだけのことですが、実は多くの効果を子どもたちにもたらします。

■ 相手の表情が見える

　お互い向かい合うことで、みんなの顔が見えるようになります。顔が見えると表情を読み取ることができます。

　コロナ禍によって子どもたちは多くの時間マスクをして過ごしていました。とくにその時期に低学年だった子は、一番脳が発達する時期の多くの時間、友達の顔が半分隠された状態で過ごしていたのです。これでは相手の気持ちを汲み取るということが難しくなってしまいます。

　スクール形式といわれる、通常の全員が黒板を向く座り方では、友

達の後頭部しか見えません。**だからこそ、学校の授業の中で、お互い
の顔を見合わせる時間をつくることはとても大切になるのです。**

■ 対等感を育む

　輪になるということは大きな円を作ることです。円は中心から等距
離になっているので、みんな平等であるということを表しています。
　クラス会議を始める前に必ずこの話を子どもたちに伝えてくださ
い。円が崩れていたり、楕円になっていたりする場合には「きれいな
丸になっているかな？」と呼びかけると、子どもたちはすぐに反応し
て動いてくれます。
　教室の中は放置しておくと、スクールカーストといわれるように、
力の強い子、弱い子が生まれていきます。だからこそ、クラス会議を
やる時にいつも「対等になっていますか？」と問いかけることで、教
室の中に力の強弱や声の大小が生まれないようにしていくのです。

■ 過刺激になることも

　輪になって座ると子どもたちのテンションは高くなります。これ
は、前を向いて座っている時よりも見えるものが増えて、多くの情報
が入ってくるので過刺激の状態になるからです。
　落ち着きがない子にとっては立ち歩きたくなったり、大きな声を出
したくなったりします。中にはこれで嫌になってしまう先生もいます。
　けれども、そうなるものだと知っておくことで落ち着いて対処する
ことができます。
　子ども自身も過刺激の中で落ち着ける方法を学び取ることができれば
大きな成長につながります。最初は座っていられなかったA君が数回の
クラス会議を経て座れるようになっていた、ということもよくあります。

第 2 章　クラス会議をするための準備をしていこう！　35

準備ステップ5

なぜクラス会議が必要か伝えよう

実践ポイント！

1. 必要であると感じると子どもは「やる気」になる！
2. 困難を共に乗り越えていくことで成長する

■ 「助けて」と声を上げたら助けてもらえる原体験

なぜ自分たちで話し合いをして解決をする必要があるのでしょうか。

教室の中で「困っています。助けてください」と言ったら、クラスのみんなが全力で助けてくれた。この経験があることで、大人になってからも、「助けて」を言える人に育つのではないかと考えているからです。これは私が現在考えている仮説です。逆に日本人の自殺率の高さは、この、助けてもらえたという体験が不足しているからではないでしょうか。**どんな些細な悩みでも打ち明けてよい、自分の悩みを全力で解決してくれたからこそ、今度は自分が友達の悩みを解決して**

あげよう。こうした連鎖が生まれることが、学級の価値の向上につながっていきます。

■ 優しさのあふれるクラス

担任であれば、教室の中に優しさがあふれているそんな状態を目指したいと思うことでしょう。けれどもそれをどうやって実現していけばいいのだろうかと、課題にぶち当たると思います。しかし、クラス会議があると割と簡単にこの目標を達成することができます。

〇〇ができなくて困っている。そういうことが生じるのは、教室内での学習の時もあれば、体育の実技かもしれません。家での生活習慣の時もあるでしょう。そんな時にクラス会議があることで、「こうやったらできるようになるよ！」とみんなが教えてくれるようになります。これが優しさの連鎖を生む理由なのです。通常のクラスだと、困っていたとしてもそれを打ち明けるタイミングがないので、一人で困っているか、家でなんとか解決するという二択になります。でも、**その悩みをクラスのみんなに打ち明けることで、協力者が続々と現れることになるのです。**

■ 人口減少の局面だからこそ

ここからの日本は人が減っていきます。人手がたくさんあった時代から、少ない人数でいろいろな能力の人と協力しながら問題を乗り越えていかなければならない時代に変わっていきます。その時代に必要なスキルの最たるものが、対話なのです。

アイデアを出し合い合意形成をはかる。お互いの妥協点を探る。

クラス会議を通じて得られるこうしたスキルは、これからの時代を生き抜く上で必要なものがたくさん詰まっています。

第 2 章 クラス会議をするための準備をしていこう！ 37

準備ステップ6

クラス会議での話し合いルールの設定

実践ポイント！

① お互いに心地よく話し合うための
　ルール設定をする

② 「ルールは変えていける」という
　マインドセットを持つ

■ ルールがいつも教室に提示してあることの良さ

　クラス会議をしていると、議題とは関係ない話をしてしまう子や、一人でトーキングスティックをずっと持っていて離さない子、そもそも席に座っていられない子などの問題が出てきます。それを一つひとつ注意していると、空気が悪くなります。

　だからこそ、あらかじめ子どもと一緒にルールを決めて、教室に常に掲示をしておくとよいでしょう。注意する時の先生の指示は一つだけ、「あそこ見て」とルールの書いてある紙を見せるだけでよいのです♪

■ ルールをつくる基本

　ルールづくりの大前提は子どもと一緒につくっていくということです。先生が一方的に決めてしまうと、子どもたちの主体性は育たないし、ルールが守られることも減っていきます。子どもが納得していないものは、いくら教室に掲示してあっても、ただの飾りに成り下がってしまいます。だからこそ、**本当に必要なルールを子ども主導で一緒に考えていくことが必要になります。**

　ルールが必要だ！　と、あまりに細かく設定してしまうとお互いに窮屈になってしまいます。最低限これだけは守るとよいというものを3〜5つ程度明文化しておきます。毎回のクラス会議のスタートの際に、それを読んでから始めると、子どもにルールが浸透していくのでよいでしょう。

■ 途中で見直したり、減らしたりする工夫も必要

　クラスの状態はどんどん変わっていくので、最初必要であったルールでも途中からは不要になることもあります。クラスが成熟していくのに合わせて、ルールを減らす工夫も十分考えられます。その時にも、子どもに投げかけてみてください。

　「このルールってまだ要りますか？」と聞いてみると、「もう必要ない！」とか「こっちのルールが要るかもしれない」という声が上がります。そんな風に適宜修正を加えながら、より良い話し合いを目指せるルールをみんなでつくっていけるといいです。**最終的にはルールがなくても成立する、そんな状態をつくっていけると一番いいですね。**

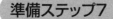

準備ステップ7

議題を集めよう

実践ポイント！

① お悩みをみんなに打ち明けるという経験をする

② 一人の悩みごとが全員の課題に昇華する

■ 議題を出してみよう

　いきなり議題やお悩みごとを相談してみようと子どもに伝えても、初めてのことで戸惑うことでしょう。人は経験のないことにどうしても尻込みをしがちなので、当然と言えるかもしれません。**まずは先生がお手本となって、日頃悩んでいることをみんなに相談してみることをおすすめします。**

　●最近太ってきた
　●夜眠れない
　●スマホをどうしても見てしまう

など、子どもでも親身になって話しやすい議題から取り組めるとい

いですね。

■ 次に全員で議題を出してみる

　次は、全員で一人一つお悩みを出してみます。いきなりみんなの前で相談しようと言ってもハードルが高いので、最近困っていることを議題提案用紙に全員が書いてみます。こうすることで、他の子も悩んでいるんだと知ることができます。悩みをお互いに知ることで、悩んでいるのは自分一人ではないと気づくことができます。

　議題を入れる箱（議題BOX）を作っておいて、議題提案用紙に書いたものを議題BOXに出してもいいし、そのまま持って帰ってもいいことにします。そうすることで、お悩みを書く経験をすることができます。集まったお悩みの中から、緊急性が高く、重要度の高いものから取り扱っていくようにします。

■ 議題に個人的な悩みが増えてきたら 自己開示が進んできた証拠

　最初はクラス全体に関わるお悩みが多いですが、徐々にクラス会議が成熟する中で、家庭のことや、身体のことなど個人的な悩みが増えていきます。これは、子どもたち一人ひとりがクラスのみんなのことを信頼できるようになってきた証と言えます。

　ここで大切なのが、信頼して相談してくれていることなのだから、議題に出された相談の内容を、むやみやたらに他のクラスや学年の子に言いふらさないという約束にしておくことです。 自分が勇気を出して相談したのに、次の日に学校中の人が知っていたら、二度と相談したくなくなると思います。その危険性を子どもに伝えておき、できる限りクラスの中で秘密を守れるようにしていきます。

■ 議題提案用紙の書式（コピーして使ってください）

議題提案用紙
（ぎだいていあんようし）

名前（　　　　　　　　　　　　　　　）

・・

どれかに○をつけてね

悩（なや）んでいる・困（こま）っている・助（たす）けてほしい

相談（そうだん）したい・アイデアがほしい

もっといいクラスにしたい

内容（ないよう）

提案（ていあん）した日　　　　　月　　　　日

第 3 章

やってみよう!
クラス会議

実践ステップ1

まずはハッピーサンキューナイスから！

実践ポイント！

① ハッピーを毎日見つけるクセをつける
② 先生がハッピーだと子どももハッピーになる

■ 脳にクセをつけよう

　クラス会議を始めるときは、最初に「ハッピーサンキューナイス」というワークを行います。これはその日1日の間に起こった幸せ・感謝・いいねと思う出来事をシェアするワークになります。たとえば「朝ごはんに目玉焼きが出ておいしかった」とか、「○○ちゃんに遊ぼうって誘ってもらって嬉しかった」など、報告をし合います。

　これを行うことで、小さな幸せを見つけるのがとても上手になります。普段は見逃してしまうような小さな出来事に目を向けるクセができるのです。

　脳は何もしないとネガティブに傾く習性があります。不安を勝手に

見つけ出してしまうのです。だからこそ、常に幸せな出来事を見つける練習を子どもと一緒に行いましょう。

■ 子どもの日常生活を知ることができる

　学校での子どもの様子を先生は見ています。でも、家で何をしているのか、どんなペットを飼っているのか、兄弟とは仲が良いかどうかについては、子どもから話してくれたり、こちらから詳しく聞いたりしない限りわかりません。けれども教室の中でハッピーサンキューナイスに取り組むことで、子どもがどんな時に幸せを感じるのか、家族とどんなことをして過ごしているのかをどんどんシェアしてくれるようになります。

　子どもの背景を知ることで、先生と子ども、子どもと子どものコミュニケーションはかなり円滑になっていきます。

■ ダメ出しから「良い出し」への転換

　「先生、〇〇君が廊下を走っていたよ！」こんな言いつけをされたことはありませんか？　当然、無視するわけにもいかず、言われた子を呼んで注意をします。けれどもあまり効果はありません、言いつけた子、言われた子、先生の三者ともなんとも言えない後味の悪さが残ります。

　ハッピーサンキューナイスに日常的に取り組むことで、友だちの良いところに目が向くようになり、ダメ出しではなく「良い出し」をする子が増えます。「先生、〇〇君がトイレのスリッパそろえていたよ」「〇〇ちゃんが低学年の子に優しくしていたよ」そんな報告をたくさん受けるようになっていきます。こうなると、言った子、言われた子、先生の三者とも笑顔になることが容易に想像がつきます。

　毎週のクラス会議でハッピーサンキューナイスに取り組む。たったこれだけのことで、教室に笑顔がどんどん増えていきます。

第 3 章　やってみよう！　クラス会議　　45

実践ステップ2

学級会と違い、議題はお悩み解決もOK！

実践ポイント！

① パブリックな場所だからこそ、
　あえて個人的な悩みも取り上げる

② 一つの悩みの裏側には、
　たくさんの困りごとがかくれている

　クラス会議ではお楽しみ会や、運動会のリレーの順番、学芸会の出し物などを企画したり決めたりすることだけではなく、**個人的なお悩みごとを相談できます。これが通常の学級会との大きな違いです。**

■ 学校生活の中で悩みを相談できるところは意外と少ない

　自分が夜眠れなくて悩んでいたとします。その時に、誰に相談しようと考えますか？　友達？　先生？　保健室の先生？　カウンセラー？　いろいろ思い浮かべますが、実際に相談するのには結構勇気が必要ですよね。楽しく遊んでいる友達にいきなり「夜眠れないんだよね〜」と言ったらびっくりされないかなと心配になります。先生や

保健室の先生、カウンセラーに言っても大事になりそうな予感がします。だから、子どもたちは、つい困っていても後回しにしたり、自分の中に秘めておこうとしてしまいがちです。

■ 相談ができる時間があり、相手がいるということ

クラス会議が定期的に開かれていると、自分が困ったときに相談してみようと思えるようになります。それは、目の前で相談している子がみんなから解決策をもらってとても嬉しそうにしているからです。

最初は前述のような理由で遠慮していた子も、何度も解決している子の幸せそうな顔を見ることで安心することができ、次は自分が相談してみようと思えるようになるのです。実際に教室で実践していても、最初は元気のいい子が相談をし始めますが、後半は、割とおとなしく人前で話すのが苦手な子も、どんどんお悩みを吐露するようになっていきます。これが定期的にクラス会議を行っている効果なのです。

■ 一人のお悩み解決がみんなの生活を良くする

「夜眠れなくて困っている」というお悩みを持っている A 君がいたとします。クラス会議を経て、解決策が 10 個出たとします。その中の一つを A 君が選んで実行して眠れるようになりました。

これだけでも十分大きな効果なのですが、実はクラスには、悩みとして議題には出してないけれども、いつも寝つきが悪い B 君と C ちゃんや、お母さんが不眠で困っている D 君が隠れています。つまり、お悩みとしては一人の子が出しただけですが、解決策をみんなで考える中で、B 君と C ちゃん、D 君のお母さんの不眠までも解決したり、改善したりすることにつながるのです。**これを毎週行い、30 個以上の困りごとを解決していくことになるので、関わる人たちの生活がより豊かに幸せになることは間違いありません。**

第 3 章 やってみよう！ クラス会議 47

実践ステップ3
みんなで解決のアイデア出しをする

実践ポイント！

① 解決に近づくために質問がキーポイントに
② 目の前の子の困りごとだから親身になれる

　出されたお悩みに対しみんなで解決策を考えます。その際、いろいろアイデアを出し合うことをブレインストーミングといいます。

■ 質問が上手になる

　「お兄ちゃんが嫌だ」というお悩みが出されたとします。それを解決するには、「お兄ちゃんは何歳なのか」「何が嫌なのか」「いつも嫌なのか」「何をされるのが一番嫌なのか」など詳しい状況を知る必要があります。そのためには、お悩みを出した子にたくさん質問をしなくてはなりません。

　この質問スキルは何度もクラス会議をやっていくと格段に上達していきます。いつも同じ子が同じ質問をするのではなく、お悩みによっ

て関係性も変わるので、質問スキルをいろいろな子が身につけることができるようになります。

■ ケーススタディになる

　前述の、お兄ちゃんが嫌だというお悩みに対し、全員で、どうしたら解決できるのかを考えます。自分にお兄ちゃんがいる子は、自分の家の例からうまくいった実践例を紹介します。お姉ちゃんがいる子も男女の違いはあっても、「こうしたら喜んでくれたよ」とか「こうしたら仲良くなったよ」ということを考えて発表します。そして、お兄ちゃんがいない子や兄弟がいないひとりっ子も、いないながらに一生懸命考えます。**このケーススタディがとても学びになるのです。**

　たとえば、自分がお兄ちゃんで弟がいる場合には、「弟からこんな風に思われているかも」という相手意識を育むことができます。兄弟がいない子も「いつも兄弟欲しい！　って思ってたけど、いたらいたで結構大変そうだな」と気づくことができます。

■ 本気で考えることができる

　Web（XやInstagram）上に悩みごとが流れてきたと想定してください。仲の良いあの人の悩みなら真剣に考えるかもしれませんが、どこの誰だかわからない人の相談に対し真剣に考えることは難しくないでしょうか？（私だけですかね）

　けれども目の前に困っている人がいて、自分が相談に乗っている、そんな時にはみなさん本気で解決策を考えませんか？

　この状況がまさしくクラス会議なのです。

　「私は〇〇に困っています。だから助けてくれませんか？」と悩む人が目の前にいるからこそ、一生懸命考えて、一生懸命解決策を出すことができるのです。

第 3 章　やってみよう！　クラス会議　49

実践ステップ4

解決策の決定

実践ポイント！

① 解決策がたくさんあることで選ぶことができる

② 自己決定こそが幸福感を高める

■ みんなが考えてくれるのはとても幸せなことである

　解決策が出されたら、どの解決策を選ぶのかを決めます。お楽しみ会や運動会などみんなに関わる問題ならば多数決がよいですが、個人的なお悩み相談なら議題提案者に選んでもらいます。

　実際に自分のお悩みをクラス会議に取り上げてもらったことがある人ならわかると思いますが、**解決策がたくさんあるというのは本当に幸せなことなのです。それだけみんなが自分のお悩みに対し、時間と頭を使ってくれたのですから、それだけで、とても幸福感に包まれます**（これは体感したことのある人にしかわからないので、ぜひ大人のクラス会議を体感してみてください）。たくさんの解決策の中から、

50

自分にできそうなことを自己決定して実行することで、悩みがスルスル解決していきます。

　悩んでいるということは、自分のもっているアイデアだけでは、望んでいる結果が手に入らないので悩むのです。けれどもたくさんの人からたくさんの解決策をもらうことで、望んだ結果が得られる可能性が飛躍的に高まります。

■ 事実は一つ、解釈は無限大

　困っている事実は一つです。けれども、事実に対する解釈は無限です。このたくさんの解釈を加えてくれるのがクラス会議なのです。

　以前、サッカーをやっているF君が「試合のメンバーに選ばれて嬉しいけどミスをしそうで不安です」というお悩みを出してくれました。このときの事実は「試合のメンバーに選ばれた」ということで、F君の解釈は「ミスをしそうで不安である」ということでした。

　これに対し、みんなが「なんで試合のメンバーに選ばれたと思うの？」と質問し、F君は「最近練習でよく点を取っていたから」と答えていました。そこからF君の表情は明らかに変わりました。みんなからも「選ばれたのはコーチから信頼されているからだよ」「失敗しても仲間がフォローしてくれるよ」というあたたかい解釈をたくさんもらって、F君の表情からは明らかに不安が吹き飛んでいました。

■ たくさんの選択肢の中から自己決定する

　解決策がたくさん出された中で、自分が実行できそうなものを選ぶというこのプロセスが実はとても重要で、だからこそ解決が速いのです。いくら良さそうなアイデアが並んでいたとしても、自分には到底難しいと思うものだと実行できません。自分が実行できる、実現可能なものを選べることがとても大切なのです。

第 3 章　やってみよう！　クラス会議　51

実践ステップ5

アドラー心理学の
カウンセリング方法も

実践ポイント！

1. クラス会議はいじめにも効く
2. アドラー心理学がベースになっている強みを活かす

　クラス会議のルーツはアドラー心理学にあり、ポジティブディシプリン（肯定的なしつけ）という北米の子育て法の中の一つを学級の中で取り組むものになります。アドラーはカウンセラーとして有名な人でした。アドラー心理学のカウンセリングで有名なものを一つ紹介します。

■ 被害者・加害者・これからどうする

　アドラーはカウンセリングをする際に、クライアントとの間に三角柱を置いてカウンセリングをしていました。三角柱にはそれぞれの面に「被害者」「加害者」「これからどうする」と書いた紙が貼ってありました。

〈被害者〉自分がどれだけつらい思い（被害を受けたのか）をして
　　　　きたのかを話す
〈加害者〉悪いあいつ（加害者）がどれほどひどい人なのかを話す
〈**これからどうする**〉これからどうするか、何をするかを話す

　つらい出来事には必ず被害者と加害者がいます。たとえばいじめが
あった時、いじめられていたＡ君（被害者）といじめていたＢ君（加
害者）がいます。Ａ君がクライアントだとすると、どれだけひどい仕
打ちを受けてきたのかを、できるだけ事細かに語ってもらいます。そ
の後、許せないＢ君のこともたくさん語ってもらいます。**腹に溜まっ
ている許せない気持ちをすべて吐き出した後、「さてこれからどうし
たいですか？」と問いかけることで、次なる未来へのアクションを考
えることができるようになります。**

■ クラス会議にもカウンセリングと同じ効果がある

　自分がどれだけつらかったのかを語ってもらい、許せないあいつの
話（クラス会議の中では匿名で行います）をしてもらいます。そして、
これからどうしていくのかを、みんなで考えていきます。これがクラ
ス会議になります。Ａ君のいじめの話であれば
- 先生に知ってもらう
- 見つけたら先生に言う
- みんなが守ってあげる
- みんなからも注意する
- 常に見張っておく
- 「やめて」と言う

などこれから取れるであろうアクションをみんなで考え、みんなで
実行していきます。

これほどいじめに強い実践を私はクラス会議以外に知りません。

実践ステップ6
振り返りについて

実践ポイント！

1. 振り返ることで改善することができる
2. ゆるやかに改善することで、良い方向に向いていく

　クラス会議を良くしていくために毎回の振り返りを用いるといいでしょう。その際にどんな視点で振り返るといいのかを提示します。

■ 司会・副司会・黒板書記の子を中心に

　良い話し合いとはどんな話し合いであるのかをあらかじめ共有しておけるといいでしょう。ある程度、困った時にはどうするかなどを明示した司会マニュアルを作っておくと、いちいち教師が指示を出さなくても子どもたちだけで進めていくことができます。

　司会…………テンポよく進めることができたか
　　　　　　　全体を見渡して声をかけることができたか

副司会………司会のサポートをすることができたか

　　　　　　　黒板書記が困っている時に助けることができたか

黒板書記……話し合いが終わった後で、黒板を見て何を話し合っ

　　　　　　　たのかわかりやすく書けているか

　　　　　　　要点だけを書くことができているか

などあらかじめポイントを共有しておくことで、それぞれの役割をより良く果たすことができるようになっていきます。

■ 議題提案者に振り返ってもらう

　お悩みを相談した人にも必ずクラス会議終了後に感想を述べてもらいます。その際一番大切なことは、どんな気持ちになったのかということです。

- みんなに話せてスッキリした
- 解決策がわかってこれで大丈夫という気持ちになった
- 実際にやってみるのが楽しみになった

　など、話し合ってもらい、**解決策を手にしたことでどんな気持ちの変化が起こったのかを共有してもらいます。この気持ちの変化を聞くだけで、クラス会議に参加した子たちの他者貢献感はどんどん高まっていきます。**

■ 先生からの振り返りを伝える

　先生からもフィードバックを伝えます。その際長くならないように端的に伝えます。「○○さんが初めて司会にチャレンジできて素晴らしかった」「黒板がとても見やすくまとめられている」「○○君が、人の話を聞く時にうなずきながら聞くことができていたね」など、グッドポイントをわかりやすく伝えることができるといいですね。

第 3 章　やってみよう！　クラス会議　　**55**

実践ステップ7

ロールプレイングを
入れてみる

実践ポイント！

① 頭で考えたことを実践できるようにする

② 実際の行動まで丁寧に考えるから
一緒に成長できる

　みんなで話し合って決めた解決策が本当に実行できるのかどうか最
後にロールプレイングをしてみるとよいでしょう。

■ 隣の席の子が勝手に消しゴムを使ってくる

　この議題で話し合いを行い、解決策として「"やめて！"と言う、そ
れでもやめなかったら周りの子や先生に助けを求める」というものに
決定したとします。このまま話し合いを終えてしまうと、いざそのシ
チュエーションがきた時に実際には実行できないことがあります。消
しゴムを勝手に使われていても何も言い出せずに困ってしまうかもし
れません。

　それを防ぐためにロールプレイングをして、実際にやめてと言う練

56

習をするのです。

Ａさん………議題を出した子。消しゴムを使われて困っている。

Ｂ君…………消しゴムを勝手に使う子

Ｃさん………消しゴムは使わないけれども、Ｂ君役として登場

Ｄさん………周りで助ける役

ロールプレイとは役割演技のことです。クラス会議で決まった「やめて」と言うことをまずは実行してみます。

〈シーン１〉

Ｃさんは Ａさんの消しゴムを勝手に使います。そこで Ａさんは勇気をもって「やめて！」と言ってみます。「やめて」と言われた Ｃさんは消しゴムを使うのをやめます。

〈シーン２〉

Ａさんは Ｃさんに「やめて」と言います。けれども Ｃさんは消しゴムを使うのをやめません。Ａさんは困りますが、周りに「助けて」と言うことになっているので、Ｄさんに向かって「助けて」と言ってみます。Ｄさんは Ｃさんにやめるように伝えたり、先生を呼びに行ったりする演技をします。

■ 実際に演じてみることで気づくことがある

クラス会議の話し合いは、あくまで想像の範囲内です。頭の中ではうまくいくような気がしても、実際に同じシチュエーションになった時に、本当に解決できるか心配になります。

ロールプレイングをして、実際に同じ場面に遭遇した時を演じてみることで解決がよりリアルになります。中には、演じてみたらこんなことは言えないかもしれない、と気づく場合もあるので、その際はもう一度話し合い、別の解決策を見つけていくことも必要になります。

COLUMN 2

職員室にもクラス会議は効く！

　ありがたいことにクラス会議研修の依頼も非常に増えてきました。2024年の夏は40回の研修を行いました。PTA主催の講演会や企業からの依頼も少しずつ増えてきています。管理職の先生方に依頼の理由を尋ねると、学級経営に悩んでいる先生が多いことが一番ですが、別の理由でもっとも多いのが、職員室での関係改善を狙っての依頼です。

　「忙しすぎる」

　「余裕がない」

　「ベテランと若手の年齢ギャップが生まれている」

　「いままでは管理職の先生方が、潤滑油として機能していたのに、人手不足により管理職の先生は学級担任に借り出されてしまい、機能不全に陥っている」そんな声も少なくないです。

　ここから先、人手が増えるかといえば、すぐには望めそうにもありません。となるとコミュニケーションの量の確保が、関係改善の一番の近道です。

　昔は、親睦会でカバーできていたものが、それもできなくなりつつあります。しかし、**クラス会議型の研修をすることで、相談しあえる、助け合える職員室を目指すことができるのです。**

　企業もまったく同じ理由で研修の依頼をしてくれます。会議の活性化は営利活動をしている企業にとって生命線になります。クラス会議の研修の結果、離職率が下がるなど、企業でもクラス会議型のコミュニケーション量の確保が、とても効果的に機能するという結果が出ています。

　子どものためのクラス会議と言いつつも、実は対話が不足しているのは大人なのかもしれません。**大人にとって働きやすい安心・安全な職員室をつくっていくことが子どもの笑顔につながっていくのです。**

第 4 章

実践事例 こうするとうまくいく!

こんなふうに
子どもが変わる!

実践事例
クラス会議を通して変わったこと
（栃木県公立小学校教諭　安藤伸泰）

　ずっと交流のあるI先生が数年前クラス会議を始めました。みるみるI先生の学級はあたたかくなり、I先生もさらにあたたかく、他者を心から愛されている様子をより強く感じました。私がクラス会議を始めたきっかけはこのI先生の存在です。そして後に気づきます。クラス会議はやり方ではなく教師のあり方を磨くためのものでした。

■ はじめてのクラス会議、そして継続してみて

　私がクラス会議を始めるためにした準備はほとんどありません。強いていえばクラス会議の流れを頭に入れておいたくらいです。
　実際にクラス会議をやってみると、いままでの自分がいかに子どもたちをコントロールしようとしていたのかに気づきました。
　初めてのクラス会議という場の中で、自分の考えを自由に表現する子どもたちを見て嬉しくなりました。友達から投げかけられる質問を通して自己発見する子どもの姿に驚きました。そして、友達の個人的な悩みに全力で寄り添い、解決しようとする子どもたちの姿に感動しました。
　クラス会議で初の相談者となったYさんは、「友達なんていらない。一人でいい」と言っていた子でした。そのYさんが、振り返りで**「みんなのお陰で自分のことがよく見えた。本当にありがとう」**と学級に

伝えてくれました。

　さらにその後、実際にクラス会議を続けていこうとするとさまざまな課題が見つかりました。たとえば、発言のルールを守れずについ周りとふざけてしまうことなどはクラス会議の「あるある」です。でもそれは課題であって、問題ではありません。

　私がクラス会議を継続する上で意識したのは、「うまくクラス会議をしようとしないこと」と「子どもが安心して自分を出せる空気をつくること」です。クラス会議は共同体感覚を生むための手段であって、それ自体をうまくいかせることが目的ではありません。そして、共同体感覚を生むために必要なことは、一人ひとりが安心して自分を出して発言し、他者とつながることです。

　それでも、学校で自分一人しか実践者がいないとなるとやはり不安があると思います。そんなときのために相談しやすいコミュニティを見つけておくと、きっと安心して継続していけるはずです。

■ クラス会議で子どもたちはこう変わった

　こうして試行錯誤しながらクラス会議を1年継続した子たち（2年生・クラス会議実施回数は10回）に白紙を渡し、「クラス会議をやって変わったこと」をテーマに自由に記述してもらいました。

表　自由記述アンケートの要約

（減ったこと）	（増えたこと）
・ケンカや言葉の攻撃	・アドバイス・思いやり
・いたずら	・笑顔
・みんなの前で話すときの 　恥ずかしさや怖さ	・解決したときの嬉しい気持ち
	・友情

　この表から、クラス会議を通して、子どもたちはネガティブな感情を減らし、「いまの自分自身が好き」「人の役に立てた」「友達を信頼で

第 4 章　実践事例　こうするとうまくいく！　こんなふうに子どもが変わる！　61

きた」というポジティブな感情を蓄積できたことがわかりました。記述から、心理的安全性と共同体感覚の高まりがあったことがうかがえます。

　アンケートから読み取れる変化以外にも、クラス会議はとても具体的な子どもの変化をもたらしました。

　とりわけ大きな変化があったのは、字の読み書き全般に大きな困り感を抱えていたK君でした。K君は音読・連絡帳やノートの書き写し・集中の維持などがとくに難しく、毎日の学校生活で相当な苦しさを抱えていました。そんな彼が、学年の最後には同じクラスの友達にたくさんの手紙を書きました。字の苦手さを克服したわけではありません。「いま持っている自分の力を使って、人を喜ばせたい」そう考えたのかも知れません。彼が選択したのは、何とか書けるひらがなを使って、彼にできる最大限の丁寧さで書くことでした。自分の中の壁を壊すK君の姿を見て胸が熱くなりました。そんなK君が書いてくれた手紙は、いまでも僕のお守りです。

　2024年度に担任した5年生にもあたたかい変化がありました。たとえば、対人関係の面で大きな苦しさを抱えていたH君。彼は人に頼ることが大の苦手でした。その彼が11月の初旬に「困ったときは周りの人に頼ればいい」と作文に書きました。その作文発表が終わったあとには自然とあたたかな拍手が生まれ、学級の空気が大きく変わりました。このあたたかさが共同体感覚なのだと実感しました。

　その2週間後には学年対抗のドッジボール大会がありました。H君はボールが怖く、練習に参加できていませんでした。しかし先日の作文発表で拍手と勇気をもらい、大会直前に参加を決めました。決意したH君を、学級の子たちは当たり前のように迎え入れ大会に臨みました。練習していないH君を全員でフォローしながら、事前に立てた作戦を全力でやり切りました。全試合終了後、「先生‼　やった！優勝！　おれら優勝した！」と全員で喜び合う彼らの感じた価値は、きっと勝利以上に大きなものだったのではないでしょうか。

■ クラス会議を機能させる条件

　クラス会議を続けてきて、これを機能させるにはいくつか大事な条件があるように思っています。それは次のようなことです。

1 心理的安全性の高い環境をつくること：目の前の子どもたちの言動をよく観察し、対話の中で子どもを知り受容すること。そして、その奥底にある願いを共に言語化し共有すること。自分の理想と子どもの現実の姿にギャップを感じた時にこそ、そういった前向きな関わりをするように肝に銘じています。

2 それぞれの考えを等価値に捉え、協働すること：クラス会議では、参加者は自分ごととして解決策を考え、「自分も友達の力になれた！」と喜びます。相談者はその行為自体に価値や感謝を感じます。クラス会議の良さは解決したかどうかではなく、質問や提案の過程を踏み協働できることだと感じています。教師がその行為に価値を感じ、熱を伝えていけば、友達や共同体の力になろうとする子どもはさらに増えていくはずです。

3 子どもの意志を尊重し、自己選択を喜ぶこと：クラス会議の最後では、相談者は解決案を自由に選びます。この時に参加者たちは、自分の提案が選ばれたかどうかに関わらず、相談者が自己選択できたことを共に喜び合います。クラス会議の美しい瞬間の一つです。クラス会議と従来の「学級会」の違いは、この点に大きく現れているように思います。クラス会議では自己選択できる機会が保障されており、「自分の気持ちを大切にされている」と子どもたちが実感しやすい仕組みができています。

　クラス会議では、全員で試行錯誤し「いままでより、よく在る」ために対話し、学級みんなの共通言語や共通意識を見出していきます。こういった姿を見て、まさに well being を体現していると感じました。個々がつながって課題を解決するクラス会議だからこそ、共同体となって生み出せる大きな幸せがあると確信しています。

まずはやってみた！低学年のクラス会議

（東京都公立小学校教諭　朝倉清彦）

■ 就学前からできる子ども会議

　「小学校低学年で、いきなりクラス会議をやるのはちょっと難しいかも」と考える先生は多いと思います。**実は「子ども会議」というクラス会議の保育園・幼稚園版に取り組んでいる園はたくさんあります。**

　娘の通っている保育園では、ひまわり会議として自分の考えを出す時間を設定していました。「どんな運動会にしたい？」という議題に対して、「親子競技をいっぱいやりたい」「もっと楽しく競争したい」「ちょっと難しいことに挑戦したい」など園児ならではの考えを伝えていました。保育園や幼稚園で取り組んでいるのに、小学校で取り組めないというのは非常にもったいないと思い、低学年の自分のクラスでも取り組むことにしました。

■ ハッピーサンキューナイスだけでも

　低学年の子に、いきなり「じゃあ、輪になって話しましょう！」と言っても子どもたちの気分は乗ってきません。また、45分間同じ姿勢で座っているのは難しいです。**そこで、低学年のクラス会議の初めは、「ハッピーサンキューナイス」に取り組みました。**

席を立って、教室を歩き回っていろいろな子と関わってもらうと、自然と教室の中に笑顔があふれてきました。 良い雰囲気を感じたところで、自席に戻ってもらいます。すかさず、「○○さんが目を見て話していたね」「○○さんが友達の良い所を見つけていたね」など教師から価値づけし、「もう一度やる？」と聞くといい反応が返ってきました。子どもたち同士の「良い出し」が広まり、教師側の「良い出し」も多くなりクラスがあたたかい雰囲気に包まれました。

　まずは、友達や周りの人の良いところを見つける目を育て、気持ちがあたたかくなることを実感させました。自分の言葉で人を明るくすることができる経験を積むことで、話すことに抵抗がなくなり、自己開示することができてきたように思います。こうした活動を常時取り入れることでクラス会議を始める準備を進めていきました。

■ 先生の悩み相談から始める

　ハッピーサンキューナイスを通して、話すことが定着してきてから、クラス会議に本格的に取り組ませました。

　低学年クラス会議の始めとして、「先生のお悩み相談」をすることにしました。低学年だと、いきなりクラスの誰かの悩み相談は難しいです。学級の児童全員と関わりのある先生の悩みを議題に設定することで、児童のアイデアを引き出せるのではないかと思いました。

　私からの議題は、「息子と仲良くするには」に設定しました。子どもたちはとても真剣に考えて、こちらがびっくりするようないい案も出してくれました。このことから、私はその後も低学年のクラス会議の最初は先生の悩み相談をすることにして、「痩せるためには」「奥さんと仲直りするには」などの悩みを設定するようになりました。

　先生の悩みを議題にする狙いはもう一つあります。クラス会議が終わった後の先生からの話で、「みんなが先生のために考えてくれたこと」「一生懸命に話してくれたこと」を価値づけるためです。相手の

第 4 章　実践事例　こうするとうまくいく！　こんなふうに子どもが変わる！　**65**

ために考えることは、その人を笑顔にさせ、自分も笑顔になれることに気づかせることが大切です。そうすることで、低学年でも、児童なりに考え、自分の考えを出してくれることを、やっていく中で実感しました。

　先生のお悩み相談から始めて、徐々にクラスの子どもたち自身から出てきたクラスの課題や、子どもの悩みについて扱う時間にしていきました。**すると、低学年の児童でも自分なりの考えを伝えることが多くなりました。**クラス会議ではもちろんですが、他教科でも良い効果が出て、自分の考えを相手に伝えることへのハードルが低くなってきました。正解・不正解は置いておいて、活発な意見交換が増え、そこから学びが深まっていくことが多くなりました。

■ パスも認めてあげる

　低学年のクラス会議で私が大事にしているのは、パスなども認めることで、自分の考えをうまく伝えられない子も安心してクラス会議に臨める環境を整えるようにしていることです。

　そのためにクラス会議の時には、「パス」や「〇〇さんと同じです」は自己表現として認めています。全員がパスになったらどうしようと考えてしまうかもしれませんが、初めから全員が自分の考えを言えたら苦労はしません。クラス会議の回数を重ねていくことで、徐々に考えを伝えることを増やしています。

　もちろん、私が低学年の担任として大切にしていることは、「自分の考えを相手に伝えること」であり、これは、学級にいる人全員で、自分たちの学級を良くしていこうとする態度を育てるためです。「知らない」「どうでもいい」と他人ごとにせず、自分ごととして取り組んでほしいからです。そのため、クラス会議後の先生の話で、自分の考えを伝えてくれた子を価値づけ、相手のことを考える姿勢を称賛することを大切にしています。

■ 「良い出し」を積極的に

　低学年のクラス会議をやっていると、良いことばかりではありません。うまくいかないことがたくさんあります。そんな時にも自分は低学年の担任として、クラス会議中に頑張っていた子をほめます。

　もしも、ある児童に怒った指導をしたらその後の雰囲気はどうなるでしょうか。きっとうまくいかないでしょう。クラス会議で、雰囲気はとても大切なので、普段の生活から良いところを認める「良い出し」を担任も児童も意識して伝えることが大切だと思っています。**「良い出し」を癖にすることで、クラス会議も学級経営も素晴らしいものになっていく**からです。

　ほめることにも例外はあります。「人を傷つける言葉」や「自分勝手な行動」には見て見ぬふりをして、「良い出し」をしていても意味はありません。社会一般として許されないことに対しては、毅然とした態度で指導をしています。

■ 子どもを信じて任せてみよう

　低学年のクラス会議を実践してきて、一番大切なのは子どもたちの可能性を信じ、目の前にいる子どもたちの良いも悪いも認めてあげることだと思います。学級を良くするのも悪くするのも、その中心にいるのは子どもたちです。「良い学級にしたい」「学校をより良くしたい」などの願いをもって取り組むのであれば、優しく見守るのが教師の仕事だと思います。時にはどうしたらいいかわからないこともありますが、そんなことからも子どもたちは学んでいきます。

　クラス会議を、無限の可能性を秘めている子どもたちに託すと、そこから、いつも新たな成長が見られます。これからもぜひ子どもたちと一緒に取り組んでいこうと思っています。

実践事例

メリットたくさん！中学年のクラス会議

（東京都公立小学校教諭　朝倉清彦）

■ ギャングエイジも怖くない！

9・10歳の子どもは、「ギャングエイジ」と呼ばれる時期に突入します。ギャングエイジは、悪いイメージで捉えられがちですが、**ギャングとは「仲間」を意味しており、発達段階の一部分です。**親や先生などの大人に反抗する反面、仲間意識が強くなり、そばにいる仲間から影響を強く受ける時期でもあります。

文部科学省『子どもの徳育の充実に向けた在り方について　3子どもの発達段階ごとの特徴と重視すべき課題』では、9歳以降の小学校高学年の時期の重視すべき課題として「他者の視点に対する理解」「自己肯定感の育成」「集団における役割の自覚や主体的な責任意識の育成」などを挙げています。

ギャングエイジの時期だからこそ、友達とのつながりを持ち、共同体感覚を身につけられるクラス会議は、中学年の取り組みとして最適だと思っています。

やんちゃな子どもたちのアイデアを生かし、自分たちで目の前の課題を解決しようと取り組む姿勢を身につかせたいと思い、チャレンジしてみようと思いました。

■ 自分たちで決める経験を

　私の経験上、小学校低学年の子どもたちは、先生から教えられていた学校のルールや決まりを守ろうとしていると思います。しかし、中学年の子どもたちに同じことを求めたら反発されてしまいます。

　中学年では、何でもかんでも先生たちが決めて実行するのでは、子どもたちは育ちません。**私が中学年で大切にしたいのは、自分たちでアイデアを出し、自分たちで守ることです。**そういった経験を中学年の段階で多く積ませることが、高学年やその先の生活につながっていくと私は考えています。

　もちろん初めからうまくいくはずはありませんが、それも一つの経験です。トライ & エラーを繰り返し、経験を積むことが必要です。うまくいかなければそのことをクラス会議の一つの議題として再度考えればいいのです。ときには、自分たち自身のことを考える時間を取り、目の前の課題に向き合う経験を積むことで必ず成長が見られるはずです。

■ やりたいを実現させよう

　経験を積んでくると、子どもたちからあれもしたい、これもしたいと議題が出てきました。それまでは、全員で輪になって話し合っていましたが、慣れてきたら小グループに分かれてクラス会議を行いました。グループを分けることで、いくつもの議題について話し合うことができ、経験値をぐんと積むことができました。

　すると、子どもたちから自分たちで学級を良くしていこうとする行動が、クラス会議にも普段の学級中にも現れてきました。クラス会議を通して、学級全体で起きていることを自分ごととして考える子どもが増え、みんなが安心して過ごすための行動が増えました。

　あるとき、議題を出してくれた女の子に話を聞くと、「みんなが、

第 4 章　実践事例　こうするとうまくいく！　こんなふうに子どもが変わる！　69

自分のことを一生懸命に考えてくれて嬉しかった」と答えてくれました。周りの子も本人もあたたかい気持ちになれるクラス会議は素敵だなと思えた瞬間です。自分の考えたことが実現できると自信になるのは子どもたちもきっと同じです。そういった体験を教室で体験させてあげたいと思いました。

■ 安心できる空間づくり

　初めからクラス会議をうまく始められるかというと、そうではありません。1学期の初めは、クラス替えもあり、まだ緊張している子も多くいます。その中で、「相手のことを考えましょう」と言われても自分が子どもだったら「何を言っているのだろう」と感じるでしょう。

　まずは、学級の心理的安全性を高めましょう。私が担任として気をつけたことは、**「誰からも攻撃されないこと」「自分らしく振る舞っても、受け入れられること」**です。

　なのでそのために私は、**いつも、「好きなのどっち」というゲームを学年始めの活動として取り入れています。**二つのものに対して、自分が好きなものを理由をつけて紹介する簡単な活動です。この活動をする狙いは、誰でも参加ができ、共通点を知ることができることです。私は、友達と仲良くなるために大切なことは、共通項があるかどうかだと考えています。共通の話題があると自然と仲良くなれます。共通項を知ることが増えることで、友達の輪も広がっていきます。友達が増えることで安心して学校生活を送ることができる空間ができあがります。ハッピーサンキューナイスに加えて、クラス会議前の準備運動として取り組んでいます。

■ 良いところを見つける目

　私は、クラス会議のときには基本的には輪の外から子どもたちの様

子を見守っています。正直、最初は悪いところに目が行き、私はすぐにダメ出しをしてしまいました。ですがそれをしたときに、せっかく頑張っている子どもたちの残念そうな顔が目に入ってきました。

その経験から私は、クラス会議のときには、子どもたちの良いところに目を向けようと努力しました。すると、普段気がつかない発見があります。たとえば、「A君は全体に声をかけているな」「Bさんは目を見てしっかりと話を聞いているな」などに気がつきます。俯瞰して学級を見ることができるクラス会議だからこそ、子どもたちの良い行動に目が向きます。

クラス会議を通して、良いところを見つける目を担任の先生が養っていくと、自然と子どもたちも同じように友達の良いところを見つける目が育っていきます。 良いところを伝える「良い出し」をクラスで流行らせるために、まずは担任の私から実践していこうと努力しました。

■ 時には、我慢も大切!

クラス会議を初めて行うときに、私は子どもたちに「何か問題があったときに、先生が一人で決めるのと、自分たちで決めるのとどっちがいい?」と聞きます。学級のほとんどの子が自分たちで決めたいと意思表示します。私がクラス会議を進めるときは、この言葉を信じ、子どもたちに会議を進めてもらいます。そして、**どんな結果であろうとも子どもの経験のためだと割り切って見守っています。**

それでも、クラスの中で気になることや心配してしまうことがある場合は、思い切って先生の悩みとしてクラス会議の議題にしてしまいました。そのときは、大人が考えもしなかったアイデアが子どもたちから出てきて、意外にすんなりと解決する場合がありました。うまくいったときや解決できそうと思ったときには、目の前にいる子どもたちに感謝を伝えます。それが学級の成長にもつながると私は思っています。

実践事例
高学年は信頼して任せることから

（千葉県公立小学校教諭　飯嶋直人）

　私がクラス会議を始めたきっかけは、児童の自治的集団能力を高めたいと思ったからです。高学年児童は、友達関係の固定化や、発言や活動に対する意欲の希薄さが特徴として挙げられます。クラス会議を通して、人間関係の構築や心理的安全性を高めることが、自治的集団能力の形成につながると思いました。

■ スモールステップで委ねる

　高学年のクラス会議について、私の場合、軌道に乗るまでの司会進行は、担任主導で進めていきました。いきなりすべてを任せるのはハードルが高いからです。流れがわかり前向きに取り組むようになってきたら、少しずつ会議の運営を子どもたちに委ねていくようにしました。子どもたちを信じて任せることで、問題解決能力や自治的能力が高まっていったように思います。

　子どもにとっては、最初は書記が取り組みやすいと思ったので**「司会と記録を一人でやっていると大変なので、書記を手伝ってほしいのですが、誰かいませんか？」**と声をかけるとすぐに何人も立候補してくれました。すかさずほめて、クラス会議を行いました。

　終わった後、手伝ってくれたことを価値づけました。「今日は書記

を担当してくれてすごく助かりました。ありがとう。こうやってみんなだけの力でより良いクラスをつくっていけるように、クラス会議ができることを願っています。司会や運営など難しくて勇気がいると思いますが、誰か立候補してくれる人がいたら嬉しいです」

　担任の本気の想いは、必ず子どもたちに伝わると感じます。一方で、高学年といえども、新しいことには勇気が必要です。勇気を出せるよう、迷っている子がいたらそっと背中を押すようにしていました。

■ ハッピーサンキューナイスはパスも認める

　高学年の難しさですが、はじめは「ハッピーサンキューナイス」でパスをする児童がとても多かったです（クラスの２／３くらい）。また、トーキングスティックを爆弾ゲームのように速く回そうとする児童もいました。そんなとき、思わず注意したくなりますが、我慢しました。何を言ったらよいのかわからない、注目されるのが恥ずかしい。そんな思いを抱えているかもしれないと思ったからです。

　これを解決するために、**何度でもパスを認めていました。その輪の中に入れていること自体を評価したり、友達の意見をしっかり聴いている姿をほめたりしていました。**

　クラスには、初回から前向きに取り組む「切り込み隊長」のような子が数人いました。まずはその子たちを大いにほめました。すると、その子たちが火種となり、徐々に周りにも火がついていきました。パスばかりしていた子が、初めてハッピーサンキューナイスを言った時、自然とあたたかい拍手が生まれたのには感激しました。初めから完璧を求めず、少しずつできあがっていくのを待つのが良かったように思います。

■ 高学年のクラス会議、発言が少ないところが難しい

　高学年になると、クラス会議のテーマ設定は幅広くなり、出てくる

第 4 章　実践事例　こうするとうまくいく！　こんなふうに子どもが変わる！　　73

意見もダイナミックになっていきます。しかし、発言する児童が少なく、数人の意見だけで進んでしまうことが見られます。その原因は、「変な意見を言って笑われたら恥ずかしい」という羞恥心や、「友達と違う意見を言ったら嫌われてしまう」という同調圧力などへの感度が高くなってくるからだと考えられます。

これを解決するためには、「どんな意見を言ってもいい」「自分の意見が採用される」というような、クラスの安心感を高めていける手立てを打つ必要があります。そのために、私は年度始めに、**『教室はまちがうところだ』（蒔田晋作、子どもの未来社）の読み聞かせや、一部分の一斉音読をしました。また、授業でのペアトークやグループでの話し合いを頻繁に取り入れました。**その際は、話の聴き方（傾聴・反応・あいづち）を意識させました。その繰り返しで安心感の土壌ができてくると、クラス会議も盛り上がるようになっていきました。

■ 友達同士の反発や、言い負かそうとすることがある

物事を決定するとき、必ずしも全員が納得して決定できるということはありません。時には決まった意見に納得がいかず反発をしてしまう子どもや、自分の意見を通すために相手を論破しようとする言動が高学年には見られます。せっかく活発に会議が行われたのに、人間関係が崩れてしまっては元も子もありません。

これを解決するために、会議の始めにクラス会議の目的と約束を確認する時間を設けていました。さらに、それらが学級目標にもつながるようにして、より目的意識を高めるようにしていました。

クラス会議が終わったら、「今日の会議の様子はどうだったか？」という振り返りの時間を取ります。「みんなが最後まで意見を聴いてくれて良かった」「意見に対して、"いいね"と反応してくれて嬉しかった」などのポジティブな振り返りがあると、次回のより良いクラス会議につながっていきました。

■ 担任の大事なポイント、信頼を言葉と態度で示す

　教師が子どもを信頼しているということは言葉と態度で示さなくては、しっかりと伝わりません。私の場合は、司会などに立候補した子どもたちに、その勇気への感謝と、君たちを信頼しているという励ましと、全力でフォローするという言葉を伝えていました。すると、子どもたちは安心して、行動できるようになっていきました。

　私がよくやってしまった失敗は、進行中に口をはさんでしまうことです。型通りに進んでいないと、すぐに助言を与えてしまいました。しかし、それをしてしまうと、司会の子は担任の様子をうかがいながら進行していくようになってしまいます。

　「型」はありますが、「型」がすべてではありません。その担任の先生だからこそ、その子どもたちだからこそできるクラス会議があるはずです。**担任はどっしりと構え、助けを求めてきたときに手を差し伸べ、終わった後にフィードバックをする。そうするほうが、子どもたちの力はぐんぐん伸びていくことを実感しました。**

■ 活性化するクラス会議

　「2：6：2の法則」というものがあります。上位2割の子どもが育ってくると、中位6割の子どもたちに影響を与えていきます。司会進行はできなくても、積極的に意見を言ったり、前のめりで参加したりする姿が多く見られるようになると、いよいよ、クラス会議が活性化します。

　ここまで来たら担任の役割は、クラス会議の日時の「調整」と、テーマの「承認」が中心になりました。高学年が持つ力を発揮し、クラスのため、学年のため、学校のために行動する子どもたちの姿から、とても成長を感じられ、本当に感慨深い実践となりました。

スモールステップで
クラス会議×特別支援

（沖縄県公立小学校教諭　室根広菜）

　2019年12月にクラス会議に出会い、そこから1年3ヵ月実践を重ねてきました。特別支援学級担任になり、クラス会議はもうできなくなるのか…と諦めていましたが、どうにかできないかと試行錯誤の末、「特別支援学級でこそクラス会議を！」の境地に至りました。続けてみると、自己肯定感が低くなりがちな特別支援学級の子どもたちへの実践にぴったりでした。

■ コミュニケーションの基礎づくりを意識して

　特別支援学級でいきなりクラス会議をしようとすると、みんなの前で発言できなかったり、友達の話を聞けなかったりするだけでなく、ケンカが勃発したり、教室から出て行ってしまったり…となることがしばしばあると思います。
　特別支援学級ではいろいろな課題を抱えた子どもたちや異学年の子どもたちが一緒に活動することが多いため、**スモールステップでの取り組みのほうが、「急がば回れ」で成功への近道**となってきます。
　私の場合はクラス会議の準備のため、まずは、「コミュニケーションの基礎：話す・聞くの練習ステップ①」として、コミュニケーションカード（元筑波大学附属大塚特別支援学校地域支援部長　安部博志考案

トーキングゲーム等) を使ってカードに書かれたお題に対して自分の考えを話していくという活動を行いました。誰かと会話するときと違ってゲーム感覚で話す・聞くのスキルを身につけることができます。

　次に、「話す・聞くの練習ステップ②」として、教師側が決めたお題メニューに沿ってトーキングステックを回す練習をしました。**ルーティン化することで安心感も増したように思います。**

■「苦手」の共有で絆を深め、安心感UP！

　また、準備段階として、自己開示のスモールステップとして、「好きな○○」の共有→「苦手な○○」の共有の順にメニューを組みました。好きなものを伝えるより、苦手なものを伝えるのはハードルが上がりますが、苦手なもののほうが共感しやすかったり、苦手なものが同じもの同士新たな関係性が生まれたり、絆が深まったりします。仮にまったく違っても、意外性に興味を示したりと話題が尽きません。「苦手な○○」はネガティブな話題になりそうですが、そんな自分も好きになるきっかけになったり、苦手でも仲間ができる安心感につなげることができたように思います。

■ できるかな？　特別支援学級でのクラス会議

　そして、「苦手な○○」から徐々に「最近困っていること」というようなお悩み相談的な項目も入れることで、だんだんとクラス会議の神髄に近づいていけるようにしました。そうすることでみんなと話す楽しさや聞いてもらえることへの喜びを味わって、クラス会議が好きな子や上手にテンポよく話せる子も増えてきて、１学期の終わり頃にはクラス会議らしくなってきました。

　そして、夏休み前のお楽しみ会をテーマにクラス会議を実施しました。「みんなで○○したい」というお題に、わくわく感を高めながら

第 4 章　実践事例　こうするとうまくいく！　こんなふうに子どもが変わる！　　77

話し合いを進めました。みんなが当事者なので、どんどん意見が出てきます。ある程度話が進んだら、役割分担をしたり、成功するためにはどうしたらいいかなども含めてトーキングスティックを回していくと、これまでに培ってきた「話す・聞く」の練習も活かしながら、クラス会議を進めることができました。クラス会議前に毎回のルールの確認や話す・聞くの練習をしたことも、成功させるコツだったように思います。

■ 緊張感が強いＡ君への対応

　自立活動の時間を活用したクラス会議を２年間進めてきた中で、子どもたちにはいろいろな変化がありました。

　入学当時のＡ君は、クラス会議の輪にすら入れず、外からのぞく程度の参加だったり、輪の中にいても「パス」の一言も伝えられないくらいの緊張感の強い子でした。回数を重ねる中で、表情の硬さは取れてきたものの毎回のクラス会議でＡ君の発言は見られません。個別で話す時間を設けてみると「言いたいことがあっても、考えている途中にみんなから急かされると言いづらくなる」ということがわかりました。そこで、Ａ君と話し合って「考え中ボード」を作成することにしました。裏はホワイトボードになっていて、もし言えなくても書いて伝えることもできるお助けアイテムです。

　さっそく、次のクラス会議から使ってみると、**Ａ君の番になったときにＡ君が「考え中ボード」を出しながら話すことを考えていると、急かす声かけが減り、ゆっくり考えることができるようになりました**。それでも待てない子たちには「がんばって」や「いいね」などを書いた「応援ボード」を持たせることで、さらに雰囲気が良くなりました。そうして回を重ねるごとにＡ君がニコニコ顔で参加できたり、発言できたりするまでになったのです。

　ちょっとした工夫で、Ａ君はクラス会議に参加しやすくなり、共に

考えたお助けアイテムの出番は、最後にはなくなりました。

■ 登校しぶりのB君への対応

　また、学校に登校するのは月に数回程度のB君。B君不在時のクラス会議の時に出てきた**子どもたちのアイデアで、B君が登校した日は必ずクラス会議をするようにしました。**

　異学年が混在する特別支援学級では、年齢が違い、会話のレベルが合わなかったり、興味関心が違うことが理由で仲を深めるチャンスが少ないと感じていました。そんなメンバーで行うクラス会議ですが、同じテーマで意見を言い合ったり、誰かの悩みに寄り添ったり、わくわくする活動について話し合ったりする時間を通して、互いを知り合ったり、思い合ったりすることができるように感じます。

　口数の少ないB君にとっても、同じ時間を共有し、話を聞いてもらったりする経験を通して居心地のいいクラスになったようでした。

■ やってよかった！　特別支援学級でのクラス会議

　特別支援学級でのクラス会議を通して感じたことは、特別支援学級だからこそクラス会議をするべきだ！　ということです。

　クラス会議をしてこそ、聞いてもらえる経験が少なかったり、他人に関心がなかったり、自己開示が苦手だったりという一人ひとりの課題に、お互いが寄り添うことができるようになっていくからです。

　子どもたちはクラス会議を大好きになり、休み時間にも自分たちだけでクラス会議を始めるようにもなりました。お楽しみ会にクラス会議がしたいという意見が出るほどです。

　初めからうまくいくことはありませんが、根気強く続けて、工夫やアレンジを加えていくことでどんどん楽しい時間に変わっていきました。やってよかった！　と本当に思います。

第 **4** 章　実践事例　こうするとうまくいく！　こんなふうに子どもが変わる！　　**79**

COLUMN 3

果たして子どもが
変わっているのか?

　先生方の実践事例を通して何を感じられましたか?　子どもの変化変容はもちろんですが、一番は担任である先生方の変容ではないでしょうか。クラス会議を通して、教師としてのあり方が根本から変わっていくのです。

　　子どもたちは話し合うことができない
　　子どもたちに任せるとうまくいかない
　　トラブルが起こるに決まっている
　　時間が足りない

　これらはすべて先生の思い込みです。先生がきっとこうなるに違いないと思っていると、クラスはそちらに向いていきます。

　　子どもには可能性がある
　　子どもには伸び代がある
　　子どもたちだけでも十分に話し合うことができる
　　トラブルは解決していける

　どうせならこんな楽しい思い込みをしてみませんか?
　もちろん最初からうまくいくわけではありません。けれども一度その経験を味わうと、クラス会議なしでは過ごしていけないほど抜群の効果を教室にもたらしてくれます。変わるのは実は子どもではなく、先生のあり方、捉え方なのです。

第 **5** 章

クラス会議
こんなときどうする?
Q&A

Q1 クラス会議を行う時間がありません

実践ポイント！

① 優先順位を確認しよう
② 「時間がない」ではなく、時間は生み出すもの

■ 先生はものすごく忙しいからこそ

　教師は、授業準備、保護者対応、校務分掌など息つく暇もないくらい忙しいです。「年々やることが増やされて、本当に大変、これ以上何もやる余裕などあるわけがない」。私も15年小学校教員をしてきたからこそ痛いほどその気持ちがわかります。

■ 本当にその順番で合っている？

　タイムマネジメントの考え方の一つに、重要だけど緊急でないものを先にやることが大切だといわれます。やるべきことを重要度と緊急

度のマトリクスに振り分けたとき、緊急で重要なこと（ケガ・いじめ・クレーム対応）を誰でも最初に行います。次に緊急だけど重要でないこと（書類の提出・会計処理・電話対応）と重要だけど緊急ではないこと（読書・学び・人に会う・旅に出る）の二つが残ります。

　この二つのどちらを先に行うのかで、その人の時間軸は決まっていきます。緊急だけど重要でないことを先に行った人は、いつまで経っても時間がないというのが口癖になります。やることに振り回され、疲労感がついてまわります。

　反対に重要だけど緊急でないことを意識して行う人（この本を手に取って読んでくださっているそこのあなたです！）は、うまく時間をやりくりしている人から学ぶことができます。クラス会議も緊急ではないが、重要なことになります。**クラス会議を先にやる！　と決めて**しまえば、子ども同士の人間関係のトラブルが激減するので、結果としてとても早く帰れるようになります。

■ 時間は生み出すもの

　クラス会議を行う時間は待っていても一生目の前に現れないのです。けれども、やる‼　と決めると時間は生み出されます。特に小学校担任の先生は自分の裁量で決められる時間がたくさんあります。特別活動の時間にクラス会議をやる！　と決めるだけで、行う時間は確保されます。クラス会議を行う時間がないのではなく、あなたのやる気次第なのです。

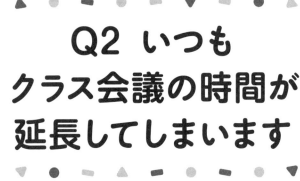

実践ポイント！

① 時間を見える化していこう
② 時間を延長はしないというルールを徹底しよう

■ タイマーを使う

　子どもたちは、良くも悪くもダラダラ話し合いをしがちです。とくに要領がつかめるまではどうしても話し合いが長くなってしまいます。話し合うのが楽しくてつい話しすぎてしまう子もいれば、どうやって合意形成をしていいのかわからないとか、司会の子のタイムマネジメントがうまくいかないなど理由はたくさんあります。
　まずは、タイマーを使って「時間を延長することはないよ」と子どもに先に宣言しておきます。

■ 期限がある仕事にしよう

　「この仕事をいつでもいいのでやっておいてください」と言われた時と、「1時間以内に仕上げてください」と言われた時、どちらが集中して取り組めるでしょうか。人は期限のないものに対して、いつまでもスイッチが入らずダラダラとしてしまいます。大人でもその状態なので、子どもはなおさらです。

　時間を守る意識を少しずつ育てていきましょう。決められた時間内で話し合いを完成させるように仕向けていくのです。

■ まずは先生がファシリテーターをして　タイムマネジメントをする

　クラス会議を始めて3～5回は先生が司会も黒板書記もすべて行います。その際に時間の配分に気をつけてお手本を見せます。

1. ハッピーサンキューナイス（10分）
2. お悩み相談（10分）
3. 解決策を出す（15分）
4. 解決策を決める（5分）
5. 感想を言う（5分）
計45分

　毎回このとおりにはなりませんが、大まかな時間の配分を決めておき、そこから外れないように話し合いをコントロールします。やっていくうちに、ハッピーサンキューナイスが長くなってしまう時には、そこだけ小グループで行って（5分程度）から全体でお悩み相談するなどカスタマイズしていっても良いでしょう。

第 5 章　クラス会議　こんなときどうする？　Q&A　85

Q3 クラス会議をすると余計に荒れていきます

実践ポイント！

① クラスの成長ステージを上げていこう
② 本音の話し合いこそ価値がある

■ 輪になって座ることで

　子どもたちは通常のスクール形式の座り方に慣れているので、輪になってみんなの顔が見える形で座ると目から入ってくる情報が多く、落ち着かない状態になりがちです。だから一見荒れているように思えます。もちろん普段よりは刺激が多いので、座っていられない子も増える時があります。

　けれども、だからと言ってクラス会議をやめてしまっていいのでしょうか。その子が本当の意味で座っていられる力は、いつ身につくのでしょうか？

■ チームビルディングでも同じ状態になる

　下の図は『今いるメンバーで「大金星」を挙げるチームの法則』（講談社）などの著書がある仲山進也さんが提唱されている、「チームの成長ステージ」を説明している図です。学級をスタートした最初は、みんな緊張しているため本音を出さず不安な状態になります。そこから、お互いのことを知り、本音で話し始めるので対立が生まれます。感情的になり、モヤモヤも生まれます。この状態を意識的につくり出しているのが、クラス会議ともいえます。

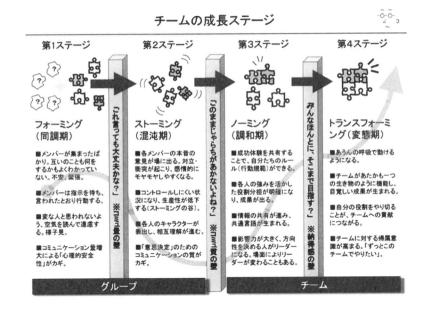

■ 荒れたからやめようではなく

　荒れたからやめるのではなく、次にどんな手を打てるのか、どうしたら乗り越えて成長していけるかを考えるのが、**先生の役割**とも言えるでしょう。もちろん一人で悩むのではなく、学年や管理職の先生にも相談しながら乗り越える力をつけていけるといいですね。

Q4 いつもパスする子がいます

実践ポイント！

① まずは安心・安全な場づくりから
② 全員発言するって本当に良いこと？

■ パスは決して悪いことではない

　何度かクラス会議を行っているといつもパスをする子のことが気になります。何で意見を言わないのか、何でパスばかりするのかといらだってしまうこともあります。
　けれども本当にパスは悪いことなのでしょうか。どうしても先生の中に、意見を言うことが良いこと、言わないことは良くないことであるかのような思い込みがあるのではないでしょうか。

■ 授業でも全員発言するのが良い？

いつでも全員参加するのが素晴らしい
どんなことにも前向きに取り組んでほしい

　こういう先生の気持ちもわからなくもないですが、これを常に求められる子どもたちの中はしんどいなと思う子もいるのではないでしょうか。

　子どもにももちろんモチベーションの波があります。体調が悪い子もいます。人前で話すのが苦手な子もいます。その子たちが本当に参加しやすい会議になっているかどうかをもう一度見直してみることも必要です。

■ まずは心理的安全性を高めることから始めよう

　子どもたちはここは発言しても大丈夫だと感じた時に初めて意見を言うことができるようになります。

　だからこそ無理やり言わせるのではなく、先生としてできることは、安心・安全な場所だと感じてもらうための環境設定なのかもしれません。そちらを疎かにしているにも関わらず、無理やり意見を言いなさいと迫ってしまうと、子どもにとっては居心地の悪い学級やクラス会議になってしまいます。

　たくさん遊ぶ、たくさん笑う、名前を丁寧に呼ぶ、対話をする、自然な助け合いがある。このような小さい積み重ねの繰り返しが、教室に心理的安全性をもたらしてくれるのです。

Q5 一人でずっと話している子がいます

実践ポイント！

1. 話すスキルの次の段階を目指そう
2. クラス会議が万能なわけではない

■ トーキングスティック（ぬいぐるみ）があっても

　どうしても一人で長く話してしまう子がいます。大前提として、長く話せることは良いことです。それだけ思いがあふれているということになります。話せないよりは、話せるほうが得することもいっぱいあります。けれども、みんなで話す場で周りのことを気にせずに一人で長い時間話してしまうことが問題なのです。

■ 凸凹がありながらでOK

　話すのが得意な子であれば、次のステップを目指します。ナンバ

リング話法やPREP (Point =結論、Reason =理由、Example =例、Point =結論) 法などを使い、短くわかりやすく伝える方法を教えてあげてもよいでしょう。要は、いまは長く話してしまうので、次は短くわかりやすく話す段階を目指すのです。反対に、話すのが苦手な子には一言でよいので言葉を発する練習をしていきます。

■ 話す・聞くの練習を繰り返す

　第2章でも書きましたが、クラス会議はクラス会議の時間だけで成立するわけではありません。**普段からの学級経営や人間関係づくり、そしてスキル練習が上手に融合する時に、良いクラス会議が生まれていきます。**ですから、短い時間で話す・聞くのペア練習を何度も行いましょう。

PREP 法の練習：ペアで話してみましょう

1．自分の好きなキャラクターとその理由を3つあげましょう
2．PREP 法を使って、好きな食べ物を説明しましょう

P =私の好きな食べ物はラーメンです。
R =理由はお店によってこだわりが違うからです。
E =たとえばとんこつラーメンのお店はにおいがきついけどクセに
　　なったり、塩ラーメンのお店はシンプルだけど奥深さがあります。
P =だから私はラーメンが大好きです。

第 5 章　クラス会議　こんなときどうする？　Q&A　91

Q6 いつも隣の子と話してうるさくなる子は？

実践ポイント！

① 仲の良い子と思いっきり話す時間をとってみる
② 楽しい雰囲気の中でこそ人は変われる

■ 過刺激な状況だからこそ

輪になって座るといろいろなものが見えるので子どもにとっては過刺激になります。だからこそ、テンションが上がって楽しくなってしまいます。落ち着くのが苦手な子にとっては、隣の子に話したくなってしまったり、ちょっかいをかけたくなったりしてしまうのです。まずはこの状態を先生が知っておくことで次の一手が見えてきます。

■ たくさんの人がいるのが難しいのであれば

みんなの前で興奮してしまうのであれば、少人数のグループを設定

します。五〜六人の小グループにして話し合いをしてみることで、どうしても話してうるさくしてしまうということを減らしていきます。いつも座っている席での班ごとにすることで、環境の変化を少なくする方法も有効です。

■ 席替えを楽しい雰囲気の中で行う

　輪になって座るときに、仲の良い子と一緒に座ろうとする、これもクラス会議「あるある」です。いつも決められた席で過ごしているので、自分で決められる時には、仲良しのあの子と座りたいという気持ちも素敵ですね。でも、結局それが、騒がしくなる原因にもなるのです。

　この時に、うるさいA君とB君だけを席替えするように、先生が言うとだいたいもめます。「なんで俺らだけ！」と言って怒り出します。そうではなく、**「なんでもバスケットを三回やるよ」と楽しい雰囲気の中、合法的に席替えをします。これを行うと、楽しみながらいつの間にか仲良しグループが解体した状態でクラス会議をスタートできます。**

■ 話したいのであれば、思いっきり話させてあげる

　隣の子と話したい、盛り上がりたいという気持ちは決して悪いものではありません。いつも仲良しの子と隣の席で座れて嬉しいという気持ちは大切にしてあげたいし、禁じるものでもありません。

　けれども、これからみんなで話し合おうとしている時に、それを邪魔するように話してしまうので困るのです。だからこそ、時間を区切って思いっきり自由に話してもらうというのも一つの方法です。「何分話したい？」と子どもたちに聞いて、気の済むまで話す時間を取る、これも案外有効です。

第 5 章　クラス会議　こんなときどうする？　Q&A　93

Q7 学校統一で学級会をやると決まっている

実践ポイント！

① 学級会をやる意図を尋ねてみよう
② 学習指導要領を読み直してみよう

■ クラス会議も大きな目で見ると学級会です

　クラス会議も学級会も特別活動の中の活動という枠組みの中では同じものになります。大きな違いは座り方（輪になって座る）と、個人の悩みを取り上げてもよいところです。**学校の中で学級会をやりましょうと統一されているとしても、その中でクラス会議を扱うことは可能になります。**

■ 学級会をやろうという意味を汲む

　なぜ学校統一で学級会をやりましょうとなっているのか、特別活動

主任の先生に確認をしてみるのもいいでしょう。昔からの流れなのか、特別な意図があって行っているのか尋ねることで、歩み寄れる点があるかもしれません。相談できそうであれば。実はクラス会議に挑戦してみたいことを伝えてみるのもよいでしょう。対話をすることで、より良いものを生み出せる可能性があります。

■ 学習指導要領にも

　学習指導要領の特別活動編を見てみると、これはまさにクラス会議のことを書いているという部分がたくさんあります。それを根拠に話し合いをしてみるのもおすすめです。もちろん、まずはお互いの言い分を聞きながら、合意形成を図っていけるといいですね。

■ 可能であれば翌年、
　特別活動主任を任せてもらう

　クラス会議を自分で行ってみて手応えがあれば、やり方や流れなどをまとめ、子どもたちの声も集めておきます。そして、校長先生にクラス会議の良さについて直接提案してみましょう。場合によっては、校内の特別活動を担当する校務分掌に名乗りを上げて、学校内にクラス会議を広めていけることもあります。

　「いきなりこれをやりましょう！」では反発を招くこともあるので、何度か先生たちとクラス会議を行ってみたり、自分のクラスでやっているところを公開したりすることで、良さが理解されると、スムーズに導入できるようになるでしょう。

第 5 章　クラス会議　こんなときどうする？　Q&A　95

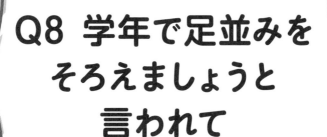

Q8 学年で足並みを そろえましょうと 言われて

実践ポイント！

① 大人が合意形成をはかる練習を
② 譲れないポイントと譲るポイントを明確に持とう

■ 学年主任の先生の意図を尋ねる

　「クラス会議をやめましょうとは言われないのですが、"足並みをそろえてください"と言われました」、こんな悩みを若い先生から相談されることがたまにあります。

　まずは対話をしてみて、学年主任の先生の意図を、もっと詳しく聞いてみる必要がありそうです。学年主任が若い先生になぜそのアドバイスをするのか、言われる側からは見えていない情報があるかもしれません。その部分を対話を重ねながらじっくり聞いてみましょう。単純にコミュニケーション不足ということもよくあります。自分のやりたいことばかりを主張して、学年主任の願いなどまるで無視してし

まっては、良い学年にはなっていきません。

■ 子どもに合意形成を求めるのであれば

　まずは、先生がお手本となって合意形成をしてみましょう。**合意形成で大切なポイントは「7割主義」です。お互いの主張を7割ずつ取り入れるようにしていくのです。**ということは、自分も折れたり譲ったりするポイントをいくつか見つけていくのです。

　3人、4人と人数が増えていくとさらに合意形成をしていくのは難しくなります。譲れないポイントと譲るポイントを見つけながら、子どもたちの成長のためにどうしたらよいのかを語り合っていきましょう。

■ 絶対の手法などは存在しない

　世の中に無数に存在する「○○教育法」といわれるもの。これが一番だ！　とかこれがすべてだ！　というものは存在しません。メリットがあればデメリットもあるように、良さも悪さも併せ持つと考えておかないと、変な固定観念に覆われてしまうのです。

　けれどもだからと言って、何をしなくてよいのではなく、その中でこれだ！　と思うものを進めることで、子どもたちをより良い方向に向けていくのです。

　私はクラス会議が、一番簡単に、楽しく子どもたちに必要な力を伸ばしていけると信じているから、たくさんの時間を使って、広めています。しかし、同時に、目の前にいる先生も確信して疑わない別の方法論を持っているかもしれないと想像することで、対話が成立していくのです。

第 5 章　クラス会議　こんなときどうする？　Q&A　97

Q9 お悩み解決が うまくいきません

実践ポイント！

① トラブルは成長のタネと思って喜ぶ
② 大人が手を貸すのが本当に良いこと？

◼ クラス会議がうまくいくとは

　そもそもうまく話し合えているとはどんな状態のことを言っているのでしょうか。もちろん正解は一つではありませんが、子どもだけで話し合いを進められたり、悩んでいる子がスッキリ次に進めそうな状態であったりすることが一つの指標であると言えるかもしれません。反対にうまくいっていない状態とは、話し合いが途中で中断したり、ケンカが起こってしまったりする状態かもしれません。

　いきなり大きな成果を望まずに、小さな成功・成長を見つけられる目を持ちましょう。「前回１回も意見を言わなかった子が、話すことができた」「５回立ち歩いてフラフラしていた子の立ち歩きが３回に

なった」

　こんなことを見つけながら子どもと一緒に喜んでいけるといいですね。

■ 本音を出すとぶつかる

　いままでよそ行きの姿だったところから、少しずつ本音を出して話し合いができるようになる経過の中では、友達とトラブルになることもあるでしょう。本音と本音で話し合っているからこそ、相手のことを「ムカつく」とか「このやろう！」と思うことも増えてきます。子どもたちは、こういった状態を何度か経験することで、人と折り合いをつけることを学んでいくのです。

　トラブルになるからといって、先生が勝手な判断で、クラス会議をやめてしまったり、諦めてしまったりするとそれ以上の成長は望めません。多少のトラブルは「きたきたー！」と喜べるようにしておきましょう。

■ 100回のケンカ

　子ども時代に一度もケンカをしたことがない子よりも、100回ケンカをした子のほうが大人になってから人との距離感やコミュニケーションの取り方などが上手になっていると思いませんか？

　もちろん先生としては、100回もケンカされたらたまったものではありませんが、数回ケンカするぐらいで、痺れを切らして、すぐに仲裁に入ってしまうことが、実はその子の成長を妨げていることもあるのです。

　子ども時代にトラブルを経験することで、大人になってからうまく対処できるようになるのではないでしょうか。

第 5 章　クラス会議　こんなときどうする？　Q&A　99

Q10 プライバシーに関わるような悩みが出された

実践ポイント!

① 個人的な悩みがたくさん出ることは OK

② ルール設定をしておくことでトラブルを防ごう

■ クラス会議が成熟してくると

　どんどん個人的な悩みを相談されるようになります。担任としては判断が難しいですが、基本的には好意的に受け止めて、クラスの心理的安全性が高まってきたという証拠だと考えましょう。その中でいくつか注意点を挙げておきます。

1. 子どもたちが噂話として広げないようにする

　家庭の中の話 (両親の仲が悪い、ケンカばかりしている、ご飯が少ない) などこちらとしてはドキッとするような話も出てきます。クラス会議の中で聞いた話は、他のクラスの子に言わないとか、話をする

のは教室の中だけにするというルールをあらかじめ設定しておくことが必要になります。

2．管理職にも相談しておく

話し合いをする前に、事前に管理職に「こんな相談が出されています」と相談をしておきましょう。場合によっては同席してもらったりすることも有効です。

3．保護者の了解も得ておく

「お子さんからこんな相談が出されたのですが、クラスのみんなで話し合ってもいいですか？」と確認をしておきましょう。これも余計なトラブルを未然に防ぐ意味では大切です。担任から相談が一報あるかないかで保護者は受け止め方も大きく違ってきます。

■ なぜその相談をしたのかを考えてみる

クラス会議を続けていると、悩んでいる子が一人では抱えきれなくなった時に打ち明けてくれるようになります。少しでも悩みをシェアして、不安を軽くしたい、みんなに相談してみたいという気持ちになるべく寄り添えるようにしてあげたいです。

とくに家庭の話は重くなってしまうので、本当に仲の良い友達にはかえって打ち明けづらいこともあります。だからこそ、**クラスのみんなに相談をして解決策を考えてもらうことで、その子が救われるということもよくあります。**

Q11 教師がどこまで 介入していいのか 悩みます

実践ポイント！

1. 肩の力を抜いてリラックスする
2. 徐々に任せる量を増やしていく

■ 人間が相手なので

　これも本当によく聞かれる悩みです。子どもが相手なので、料理のように、何分経ったら次の工程に移るという目安を示すことはできませんが、右の図を大原則として、徐々に子どもたちに任せていくとしか言いようがないのです。

　たとえば、サッカーの試合で、一対一のディフェンスの時に、どんな姿勢で、どこを見て、どう守るのか言葉で言い表すことはできません。これと同じように、「教室の中でこうなったらこうしましょう！」というアドバイスはなかなかしづらいものです。

　一つ言えることは、身近にクラス会議をすでに実践している先生が

いれば、その授業を見せてもらうと良いです。文字情報では伝わりづらい、空気感や雰囲気などを感じることで、次の一歩が見えてくるようになります。

■ 子どもに応じて、学年に応じて、状況に応じて

その場その場で適切だと思う判断をしていく、これにつきます。ただ、クラス会議に関していうと、普段の授業よりも肩の力を抜いて、子どもに任せてみようとするほうがうまくいく場合が多いです。先生が、力を入れて無理やり話し合わせようとか、強硬に話し合いを進めていこうとすると、子どもの気持ちが冷めてしまって良い話し合いにならないことがよくあります。

■ 困ったら先生のお悩みとして相談する

クラス会議を進めていく上で、たくさんの困りごと（時間がかかる、トーキングスティックを独占してしまう子がいる、隣にちょっかいをかけるなど）が出てきます。

それらをすべて先生のお悩みごととして、子どもたちに相談するとよいでしょう。子どもたちも一生懸命考えて、どうしたら解決できるか話し合いを始めます。そうなると**先生だけが注意する状態から、クラスみんなで声をかける状態へとレベルアップすることができます。**

任せていくイメージ

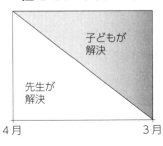

← 全体の解決しないといけない物事の量のうち、先生の解決する量を徐々に減らし、子どもが解決する量を徐々に増やしていく。

Q12 子どもに対して厳しくなりすぎてしまう

実践ポイント!

① こちらの理想を押し付けない
② 厳しいけれどあたたかい、そんな先生を目指しませんか?

■ ついカッとなって

　こちらが想定しているとおりに話し合ってくれない。隣の子とずっとコソコソ話している。まったくやる気がなくダラダラしている。こんな子どもの姿を見てついイラッとしてしまうことがありませんか?
　私は何度もありました。そしていまもあるかもしれません。けれどもイラッとしてうまくいったことはありますか?　こちらの苛立ちを子どもにぶつけても、お互いモヤモヤするだけで問題はまったく解決していきません。先生が怒っていると、一時的には問題行為をやめるかもしれませんが、子どもは心の中では舌を出しているのです。

■ イラッとしてしまうのは理想が高いから

　子どもにこうなってほしい、こんな姿を求めたい、と理想を掲げることは決して悪いことではありません。こうなってほしいという目標があるから、その姿に近づけるわけですし、道筋も見えてきます。けれども、一方的に理想を子どもに押し付けていませんか？　それでは、勝手な押し付けになってしまいます。子どもがこうなりたい！　と思って初めて、理想に近づくことができるのです。

■ 厳しいけれどあたたかいという姿勢

　怖い先生の言うことは聞くけれども、優しい先生の言うことは聞かない。本当にそうでしょうか？　時には厳しくしなければいけないというのは間違っていないと思います。けれども、毎回自分の苛立ちを子どもにぶつけていたり、こちらの思いを一方的に投げつけることが本当に教育といえるのでしょうか。

　厳しいけれどあたたかい。こんな姿で接することができると、子どもも先生のことを尊敬するようになります。

　厳しいだけ、優しいだけではなく、譲らない芯の強さや、あたたかさも兼ね備えていけるようにしていきましょう。そのためにクラス会議があるのです。

優しさと厳しさの両方が大切

第 5 章　クラス会議　こんなときどうする？　Q&A　105

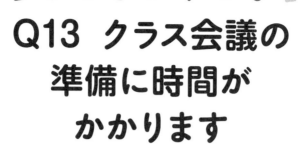

Q13 クラス会議の準備に時間がかかります

実践ポイント！

① 時間を短くできるところを考える
② タブレットの良さも活用しよう

■ 事前に机を外に出し椅子を並べる

　机を廊下に並べて、椅子だけで輪になる。これだけのことですが、小学校1年生にとっては、とても大変な作業になります。机は一人では運べないし、どこに座るのか、誰と座るのかも結構大切な問題になってくるのです。

　たとえば、5時間目に行うようにして、掃除の際に高学年の子に手伝ってもらって、セッティングだけしてもらうというのもいいアイデアかもしれません。空き教室があれば、そこを使わせてもらって、毎回机を廊下に運び出すようにしなくてもいいようにするのも名案です。

■ ハッピーサンキューナイスのやり方にひと工夫

　30人学級だとして、ハッピーサンキューナイスを1人30秒かけて行うとそれだけで15分かかってしまい、話し合いに十分時間が取れなくなるということもあります。ですから、机を動かす前に、ハッピーサンキューナイスだけを4人班で終わらせておいてから、お悩み相談だけを一つの円で行うというのも良い方法です。

■ タブレットを使って

　行事が重なってクラス会議にどうしても時間が取れない、そんな時はタブレットの出番です。

　お悩みがある子は、あらかじめ付箋機能などで、お悩みを書いておいてみんなから質問をしてもらいます。いくつかの質問に答えた後、解決策をみんなで考えて付箋に書きます。

　ロイロノートやミライシード、Canvaなどのツールを使えば、驚くほど短い時間でお悩みを解決することができます。**速さはメリットですが、あたたかさはどうしても減ってしまうので、そこはリアルのクラス会議と併用して、どちらもの良さを使っていけるといいですね。**

無理なく準備時間を短くする方法を取ろう！

Q14 保護者にどう説明していいのかわかりません

実践ポイント!

① ありのままを見せるのが一番よく伝わる
② 子どもの表情で伝えよう

■ 保護者への説明は?

　クラス会議について、保護者には「アドラー心理学をベースとしている話し合いの方法で、特別活動の時間に行います」とあらかじめ概略を説明しておきます。そこから、具体的なエピソードなどを学級通信を通じて知らせると、よりはっきりと伝わると思います。

　クラス会議で具体的にどんなことを話しているのかや、クラス会議の時間がどんなものなのかについては、子どもを通じてきっと自然に伝わっていくと思います。保護者会の時に実際に保護者にクラス会議を体験してもらうのもとても良い方法です。

■ 個人懇談の際に良いエピソードを共有する

　クラス会議についての私の本などを廊下に並べておいたり、動画を撮影してつなぎ合わせたショートムービーを流しておいたりすると、待っている時間に興味深く見てもらうことができます。**何より子どもの輝いている表情が一番伝わる材料になるのではないでしょうか。**

　とくに、いつもどちらかというと問題児として扱われがちな子ほど活躍できるので、保護者の喜びも大きいことがよくあります。個人懇談の最初に、クラス会議でのエピソードも伝えられるとさらに喜びを共有することができます。

■ 管理職に説明する

　こちらも普段からきちんとコミュニケーションをとっておき、なぜクラス会議を行っているのか、どんな効果があるのかを伝えておくとよいでしょう。そして都合が合えば**クラス会議を見に来てもらうように**お願いしておくことで、より伝わりやすくなるでしょう。

　普段から、教室を見てもらったり、情報共有をしたりしておくことが、何かあったときの一番のリスク回避策になっていきます。同僚の先生方にも、「いつでも見に来てください」と伝え、子どもたちの様子を見てもらいましょう。担任視点では気づかない、子どもの様子を教えてもらうことができます。

保護者会や個人懇談でエピソードを伝えよう

COLUMN 4

ドラゴンクエストにハマる大人

　2024年にドラゴンクエストⅢがリメイクされ発売されました。当時小学生だった世代の大人がこぞって発売を心待ちにして、楽しんでプレイしています。なぜ大人はドラクエにハマるのでしょうか。

　スライムに始まり、自分のレベルに合った敵が次々と襲いかかってきます。レベルを上げて、武器をそろえて、魔法を覚える。そうすることで、戦える相手が増えていきます。ラスボスといわれる最後の敵を倒すために、日々レベル上げを続ける毎日、そこが最大の魅力かもしれません。

　教室の中にも実はレベルアップするタイミングがたくさんあります。
　いままで通用していた指導言がまったく通じなくなった時。
　保護者からクレームを受けた時。
　管理職のやり方と合わないと感じた時。
　それぞれのタイミングが実はレベルアップのチャンスなのかもしれません。

　時には「逃げる」コマンドを使いながらも、どうしたらレベルを上げられるか。どうしたら新しい武器を手に入れられるか。そして魔法を習得できるか。そんなことを考えながら子どもたちの前に立てると、ゲームを買わなくても楽しい毎日が待っています。もちろん一人で冒険に出なくても大丈夫です。仲間からの情報をもらい、裏技が書いてある本書を参考にして、戦いの舞台に一緒に出ていきましょう。

第 **6** 章

先生が
全部やらなくていい！
先生のマインドセット

一人ですべてやると潰れる もっと人を頼ろう

実践ポイント！

① 頼る練習をすることが自分を守る
② 苦手を伝える自己開示をしよう

■ 教師は大変な仕事、とくに教師一年目のハードルはきつい

　教師の仕事はどの年代にとっても大変ですが、とくに大学生から教師になっての一年目は、越えるべきハードルがたくさんあります。

①学生から社会人になるハードル
②先生として１日子どもの前で過ごすハードル
③授業を成立させるハードル
④保護者との関係を良好に築くハードル

　細かいハードルはもっとあるのですが、大きくはこの四つになりま

す。そして、これが一気に襲ってくることが一年目の教師（特に小学校）が潰れてしまったり、離職が多くなったりする要因になります。

初任者指導の先生、学年主任の先生、管理職の先生たちも一年目の教師を育てるために、声をかけたり、手本を見せたりケアをしたりしてくれます。けれども、**四つのハードルは、いきなり越えられるようになるものではなく、少しずつ成長をしながら越えていくものです。そこで大切になる力が「ヘルプ力（助けを求める力）」です。**

◼ 管理職に頼る

うまくいかないことや不安を抱えていることを、管理職に早めに相談するとサポートをしてくれます。最初は何が不安なのかもわからないと思いますが、どんどん周りに助けてほしいことを伝えます。

担任を任されているのだから一人で乗り越えなければという責任感もわかりますが、できないものはできないのです。事態を悪化させるよりも早め早めに管理職に相談し、適切な手立てを管理職と一緒に打っていきましょう。

◼ 子どもに頼る

先生が不安なんだと言うと、子どもも不安になります。だからこそ子どもには、不安を伝えるのではなく、苦手なことを具体的に伝えることが大切です。

私の場合、（全校集会などの）スケジュールを忘れてしまったり、プリントを配り忘れてしまうことを子どもたちに早めに伝えておきました。すると、子どもたちが廊下をチラチラ見て、「今日、集会あるんじゃない!?」と気づいてくれたり、配布ボックスの中に自分のクラスだけプリントが残っていることを教えてくれたりします。これこそが、クラス会議を始める際のマインドセットになります。

第 6 章　先生が全部やらなくていい！　先生のマインドセット　113

任せることで
子どもが育つ

実践ポイント！

① 結果としてどちらが子どもの力がつくかを考える

② 任せ方を考えるのがマネジメントの本質である

■ サッカーでたとえてみる

　ドリブルもシュートも一流の大エースのいるチームで、バロンドールを獲得した時のメッシやロナウドがいるとしましょう。もちろんチームとしては強いですが、周りの選手は同じように活躍したり力をつけたりすることができるでしょうか。あいつに任せておけば、点も取れるし試合も勝てる、そんな気持ちになるのが普通ではないでしょうか。
　先生が優秀すぎると、このメッシやロナウドのような状態になってしまいます。トラブルがあってもどうせ先生が解決してくれるからいいやとか、授業も先生がわかりやすく教えてくれるからいいやと感じて子どもたちの考える力はつきません。

■ トラブル解決を子どもに任せてみる

「給食当番をちゃんとやらない子がいる」というようなトラブルは日本中どこの学級にでもある話です。これを先生が解決するのか、子どもが話し合って解決するのかで育つ力が変わってきます。

「どんなトラブルでも乗り越えた先に力をつけることができる」これは原理原則になります。言い換えれば、乗り越えなければ、力はつかないということになります。先生が話し合いをお膳立てして、解決まで導いていくと、給食当番をやらないというトラブルは解決できますが、子どもに問題解決能力はつきません。右往左往しながらも、子ども同士で試行錯誤をして話し合いをしていくことが、本当の意味で力をつけることになっていくのです。

■ 授業もタブレットも行事もどんどん任せよう

> **授業はどのくらい子どもに任せていますか？**
> **タブレットは？**
> **行事は？**

もちろんただ任せればいいというものではありません。そこに子どもの育ちはあるのか、子どもの笑顔はあるのかを見ながら、どんどん任せていきましょう。

どのように任せたらいいのかわからない時には、本を読んだり、任せ上手な先生に会いに行ったりしましょう。同じ校内にもよく見てみると、どんどん任せて子どもを成長させている先生が必ずいるはずです。そんな先生の教室に張り付いてみて、吸収できることはどんどん吸収しましょう。そして、放課後、その先生に積極的に質問してみましょう。

第 6 章　先生が全部やらなくていい！　先生のマインドセット　115

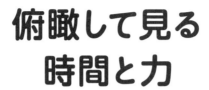

俯瞰して見る
時間と力

実践ポイント！

① 離れてみるから見えるものがある
② 距離を離す、時間を離す。そして敢えて近づく

■ 俯瞰力を身につけよう

　学級担任をしているとどうしても子どもの中に入ってしまい、クラスの様子を離れた場所から見ることができなくなってしまいます。
　山登りをしているとき、どちらに進めばいいかは、ドローンなどで少し離れた場所から見るとよくわかると思います。これと同じで、クラスの実情や今後進む方向についても、離れてみる必要があるのです。これが「俯瞰力」です。

■ 意識して離れてみるとわかること

　毎日授業をしていると、どうしても学びを進めなくてはという意識が働きクラスの中にどっぷり入ってしまいます。だからこそ、クラス会議の時間を定期的に取ることで、**子どもたちだけで話し合いを行っている様子を少し離れたポジションから見てみるのです。そうすると、普段は見えなかった、子どもの様子や表情の変化、成長具合をたくさん感じ取ることができます。**手帳にメモをする余裕もあるので、一人ひとり見取っていきます。一言メモでいいので、数回のクラス会議の間に全員の変化を記録していきましょう。

■ 学級担任だからこそ

　子どもが１ヵ月前と比べてどう変わったのか感じることはできていますか？　毎日一緒にいると、やはり成長に気づきにくくなっていきます。だからこそ、いったん立ち止まって、子どもたちの過去と現在の違いを感じ取るようにしていきます。そのための時間がクラス会議の時間です。

■ 育てると育む。 つなげると紡ぐ

　同じ言葉のようですが、よく考えてみると微妙な違いがあります。前者は無理やり先生が力を使っています。後者は、自然発生的に子どもが自ら育ち、紡いでいます。この微妙な違いを感じ取るためには、俯瞰してみること、寄り添って隣で目線を合わせること、そのどちらも必要になってきます。

第 6 章　先生が全部やらなくていい！　先生のマインドセット　117

どちらに
目を向けるのか

実践ポイント！

1. 情報を選別する脳の働きを味方につける
2. 見えていないものを意識してみるクセをつける

◾ 「フルタイムの問題児はいない」

これは、私の師匠、赤坂真二先生の言葉です。どれだけ問題を起こす子であっても、**1日中問題児なわけではなく、パートタイムの問題児なのです。つまり、何も問題を起こさず、おとなしくしている時間も必ずあるということです。**

朝来た瞬間から暴れていますか？　問題を起こしていますか？　その子が、普通に過ごしている瞬間を見逃さずニコっと微笑みかけてみましょう。次第に問題を起こさない時間が長くなっていきます。

■ 教室の中でも

立ち歩きがとまらない子がいます。ついついその子に意識が行き、声をかけたり注意をしたりしたくなります。けれども、その子以外の29人は静かに学習に取り組んでいます。どちらに目を向けますか？ 立ち歩いている子に声をかけたくなるのをグッと抑えて、一生懸命にやっている子に注目する練習をしてみましょう。

■ 注目すると増える

車を新しく買おうとすると街中でその車をよく見つけたり、CMなどでもよくみるようになった、こんな経験はありませんか？ これは脳の働きで **RAS (Reticular Activating System)** というものが機能しているからなのです。

人は1日5万回思考します。それをすべて取り込んでしまうと脳がパンクしてしまうので、RASが必要な情報と不要な情報を選別しているのです。だからこそ、どちらに注目するかが重要になってきます。

RASの機能

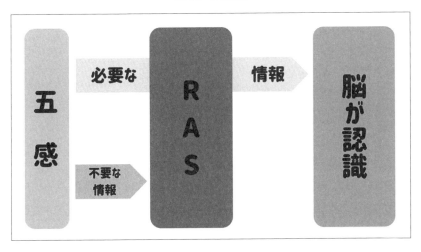

こちこちマインドセットと、しなやかマインドセット

実践ポイント！

① 人はいつからでも変われる
② どんな人でありたいかを考える

■ あなたはどちらのマインドセット??

こちこちマインドセット
- 才能は変化しない
- 自分は有能だと思われたい
- 成長のために学習しない
- 早い段階で成長が止まる
- すべてが決定論
- 人は変われない。変わろうとしない

> **しなやかマインドセット**
>
> - 才能は磨けば伸びる
> - ひたすら学び続けたいと思っている
> - 成長のために学習を続ける
> - より高い成果を発揮できる
> - 自由な意思で切り開いていける
> - 人は変われる。変わることを恐れない

(『「やればできる！」の研究―能力を開花させるマインドセットの力』
キャロル S. ドゥエック、2019 年、草思社より)

■ まずは先生がしなやかマインドセットでいること

「人はいつからでも変われる。変わることを恐れない」というのは
とても大切なマインドセットになります。新しいことを提示すると

Ａ：「おぉーおもしろい。どんどんやっていこう」

Ｂ：「もう私は歳だから遠慮しておきます」

と二つのタイプに反応が分かれます。どちらのタイプのほうが、成
長を続けられるでしょうか。子どもに成長を望むのであれば、まずは
先生がしなやかマインドセットを取り入れていきましょう。

■ 子どもにわかる言葉で伝える

「こちこちマインドセット」と「しなやかメインドセット」を、クラ
スの子どもたちがわかる言葉に直してみましょう。それだけでも十分
な学びになります。低学年には低学年の言葉で、高学年には高学年の
言葉で噛み砕いて示すと、必要なマインドセットが理解できるように
なります。

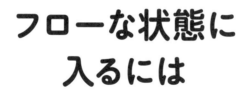

フローな状態に入るには

実践ポイント！

① 適切な難易度の課題を話し合う
② フロー状態をどれくらい教室に持ち込めるか

■ 時間と自我を忘れて没頭する状態

　ミハイ・チクセントミハイ氏が提唱するフロー状態とは、「時間も自我も忘れて没頭する状態」のことをいいます。この状態に入るためには、自分の能力にちょうどよい難易度であることが重要であるといわれています。

■ 個に応じたちょうどよい難易度が必要

　とある６年生の教室でのクラス会議です。
　「中学生のお兄ちゃんがこっそりいやらしい本を隠している。いつ

も嫌がらせをされるので、お母さんに告げ口して仕返しをしたい」という女の子のお悩みでした。

　この意見に男の子たちは必死に「やめろ！」と言います。明日はわが身なので、お母さんに告げ口されたらたまったものじゃないからです。それに対し、女の子は「いつもお兄さんに嫌なことをされているのだから、お母さんに告げ口してもいい」と意見を言います。

　兄弟がいる子にとっては、とても共感できる議題なので必死に話し合います。兄弟がいない子にとっても、いつもは兄弟が欲しいと思っていたけれども、詳しく話を聞いてみると意外に大変そうだとか、自分が親になった時に、どんな兄弟トラブルが起こるのかという予行練習になります。

　この、子ども同士でお互いの問題に取り組む瞬間が、ちょうどよい難易度の課題であり、能力に応じて取り組むことができるので、子どもたちは時間と自我を忘れて集中して話し合うことができるのです。これがまさしくフロー状態ということになります。

　本気で向き合い、本音で対話をする経験こそが子どもたちの成長につながっていくのです。

フロー状態になれるゾーン

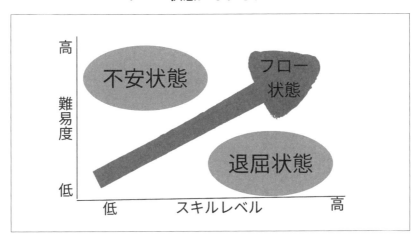

あとがきにかえて

①チームビルディングとしてのクラス会議

●職員室でクラス会議を行う意味

　私は教員研修で日本中の学校で先生方にクラス会議を行っています。子どもに向けて行ってもらうために実施するのですが、結果として先生方にすばらしい変化が生まれます。

　①苦手をシェアして助け合える

　②家族のことなどプライベートな悩みを相談できる

　③助けてが言い合える仲間に

　④趣味の話などで盛り上がり仲良くなれる

　いま教師は働き方改革が叫ばれて、早く帰るように促されます。もちろん早く帰れるのに越したことはないのですが、いままで当たり前にあった先生方の交流の時間が極端に減っています。

　15年前私が教員になったばかりの頃は、仕事終わりに体育館でバドミントンをしたり、家庭科室でみんなでお菓子を作ったりする余裕がありました。本業には直接関係ないですが、確実にそこでの雑談によって関係性が向上していました。

　いまは管理職の先生や主任の先生もどこか余裕がなく、常に欠員を抱えた職員室も珍しくないです。そんな状態で、交流を！　と言っても難しいのはよくわかります。けれどもこれでは若手の先生はいつ指導スキルについてベテランの先生に相談するのでしょうか。困りごとをシェアする時間はいつあるのでしょうか。

●チームで相談できるようにする

　時間のない中で誰かに負担が偏らずに若手を育てるには、チームで若手の悩みを受け止めていく体制づくりが重要になってきます。その部分を「クラス会議」が担ってくれるのです。

どんな先生にも、多かれ少なかれ悩みごとがあります。それを見ないようにしていると、小さなしこりとなっていきます。それが積み重なり、「ある日眠れなくなる。学校に行けなくなる」ということにつながります。先生たちこそ積極的に、「クラス会議」で悩みを吐き出す時間と場所をつくっていきましょう。

②企業や大学スポーツでも「クラス会議」！
●飲食店でクラス会議に取り組み、売り上げが増加

　企業からもクラス会議が注目されています。どんな仕事であってもベースとなるのは人間関係であり、それが良ければ業績が上がるというのはシンプルな理屈です。

　私は名古屋に４店舗ある飲食店でクラス会議を中心とした研修を３ヵ月に一度、１年間取り組んでいます。４店舗中３店舗で売上が上がったり、離職率が下がったりしています。それだけでなく、店員同士のトラブルが減り、目標を持って働くことができている社員が増えています。

　それまでのミーティングでは、どこか他人ごとであったり、店長に言われたことだけをやっていた社員が、自発的に動き出し、売上向上につながるアイデアを出すようになっています。

● 大学スポーツでも

　中京大学硬式野球部でもクラス会議に取り組んで３年が経過しています。以前４年生が中心となってポジション別にミーティングをしていたときには、下級生は下を向いていたり、消極的に話し合っていたりしていました。

　これではよくないと思ったコーチが私に声をかけてくださり、本音で話し合う意義を伝え、クラス会議方式のミーティングに取り組んでくれるようになりました。徐々にミーティングで話し合われる内容に変化が見られ、試合の結果も改善していきました。

●なぜどちらの組織も改善したのでしょうか

やせた土の上では、どんな作物も育ちません。肥料を与えたり水をたっぷりあげてもうまくいきません。反対に豊かな土の上であれば少々水を上げなくても、雑草が周りにあっても、たわわに作物が実ります。

この「土」の部分にあたるのが、豊かな人間関係です。つまり、目先のあれこれをいじるのではなく、根本的なところに手を打つことができると状況が改善するのです。これこそクラス会議がもたらすものです。

③まちをあげてクラス会議に取り組む意義

●沖縄県中頭郡北谷町での全校クラス会議

沖縄県中頭郡北谷町では 2024 年 4 月から町内の小学校の全学級でクラス会議を導入しています。町内の子どもたちの自己肯定感を上げようという取り組みです。

全校に導入する難しさもありますが、先生方が前向きに取り組んでいくことで、子どもたちにも良い変化が必ず現れてきます。これからもどんな変容が出てくるのかとてもワクワクしています。

●宮古島市立平良第一小学校での取り組み

こちらの学校は 5 年間全学級でクラス会議を行ってきました。子どもたちが自分たちで話し合う姿を見せてもらいましたが、それは本当に立派で、そしてあたたかい心が育っているのをとても感じました。

児童会役員選挙では 20 人近くの子が立候補していました。当時の校長先生に「何でこんなにたくさんの子が立候補しているんですか？」と尋ねると「自分たちの学校ことは自分たちで決められると思っている子が多いから」と答えてくれました。

●自分たちのことは自分たちで決めていますか

学級のことを子どもたちで決めることができていますか？

学校のことも子どもたちで決めることができていますか？

この感覚こそが、大人になって自分たちの住んでいる地域のことを自分たちで決めていくという「主権者意識」を高めるのではないでしょうか。つまり選挙に行って投票する人や、自ら立候補してまちづくりや国づくりをしていく人を育てることにつながるのです。

●「クラス会議」は国づくりにつながる

「クラス会議」をすることで日本中の子どもたちに良い影響を与えることができます。その本当の意味を日本中の先生方が理解したときに、国は変わります。政治家や文科省が国を変えるのではなく、一人ひとりの先生方の意識が、実は国を動かす力を持っているのです。

ぜひみなさんでクラス会議をすることで良い国づくりをしていきませんか？

●最後に

日本の教育が危機的状況にあると感じています。人手不足、不登校、固定化・形骸化された制度やシステム。このまま何もしないと教育が荒廃してしまうのではないと危惧しています。だからこそ、自分達で動いていきませんか？　人任せにするのではなく、半径5mから変えていく。それができると、結構あっという間に良い方向に向けることができると信じて発信を続けていきます。

こちらの無茶な要望にたくさん応えてくださった編集の山本さん。いつも笑いながら支えてくれる大切な家族。原稿を一緒に書いてくれたり、アドバイスや意見をくれたりしたクラス会議ゼミの仲間。そして日々教室で子ども達と向き合ってくださっているすべての先生方に感謝の意を捧げます。

● 著者紹介

深見 太一 （ふかみ たいち）

1981年生まれ。愛知県の公立・私立小学校で15年経験。愛知教育大学非常勤講師として教員養成に関わる。クラス会議講師として年間100件近く研修、講演を行う。受講者はのべ1万人を超える。沖縄県北谷町教育委員会クラス会議アドバイザー。クラス会議ゼミを主催し、日本中に実践者を増やしている。著書に『対話でみんながまとまる！たいち先生のクラス会議』『アンラーンのすすめ』、共著に『子どもに任せる勇気と教師の仕掛け』『子どもがつながる！オンライン学級あそび』『ウェルビーイングの教室』がある。音声コンテンツvoicyにて毎日配信「日本中の先生を勇気づける」。

著者のvoicyのページ

実践事例執筆協力

安藤 伸泰	栃木県公立小学校教諭 （P60～63）
朝倉 清彦	東京都公立小学校教諭 （P64～71）
飯嶋 直人	千葉県公立小学校教諭 （P72～75）
室根 広菜	沖縄県公立小学校教諭 （P76～79）

事例とQ&Aでわかる！
みんなでやろうクラス会議実践ガイド

2025年3月12日 初版発行

著　者	深見　太一 (ふかみ たいち)
発行者	佐久間重嘉
発行所	学 陽 書 房

〒102-0072　東京都千代田区飯田橋1-9-3
営業部／電話 03-3261-1111　FAX 03-5211-3300
編集部／電話 03-3261-1112
https://www.gakuyo.co.jp/

ブックデザイン／ステラ（能勢明日香）
イラスト／おしろゆうこ
DTP制作／越海辰夫
印刷・製本／三省堂印刷

Ⓒ Taichi Fukami 2025, Printed in Japan　ISBN 978-4-313-65533-1 C0037
乱丁・落丁本は、送料小社負担にてお取り替えいたします。
JCOPY〈出版者著作権管理機構 委託出版物〉
本書の無断複製は著作権法上での例外を除き禁じられています。複製される場合は、そのつど事前に出版者著作権管理機構（電話 03-5244-5088、FAX03-5244-5089、e-mail: info@jcopy.or.jp）の許諾を得てください。